Rosemarie Fischer
Günter Krapp
Alexander Rajcsányi

Lyrik-Werkstatt

Erfahrungen

Theorie und Praxis

M. Eichhorn

Inhaltsverzeichnis

Was ist Lyrik? 5
Kreativität – Schreiben 7
Wege zur Kreativität 9
Gedanken erschließen – sich selber lesen 9
Automatisches Schreiben weckt Erfahrung 10
Clustering – Cluster 11
Vorgehen beim Clustern 13
Kreativität und Textarbeit 14
Schreibhilfen für Lyrik 17
Zeilengedichte 17
Stufengedichte (Rautengedichte) 19
Jede dritte Zeile gleich 19
HAIKU 20
Ein Gegenstand, der einem Menschen etwas bedeutet, führt in einen Text 21
Fotoapparat – bewusstes Wahrnehmen 21
Bilder einfangen 21
Bilder als Gestaltungseinstieg 22
Zu Bildern Gedichte verfassen 23
Meditative Einstimmung durch Musik 24
Veröffentlichen 26
Autorentage – ein Schülerprojekt 27
Lyrische Sprache und Sinnlichkeit 28
Gedichte überarbeiten – Gedichte verdichten 34
Ein Gedicht zum Thema Jahrmarkt entwickeln 34
Vergleiche, Bilder und Metaphern 38
Metaphernspiel 39
Gemeinsam Metaphern zum Thema FLIEGEN erproben 40
„Zurückschreiben" von Metaphern 41
Lyrische Komposition 41

Alexander Rajcsányi
Erlebnisreisen ins Land der Lyrik 42
Inhaltsverzeichnis dazu S. 42

Anhang: Arbeitsblatt zu Sinneswahrnehmungen 91

Was ist Lyrik?

Lyrikunterricht ist Unterricht zur Sprachkompetenz. Der Unterrichtende sieht sich dabei mit dem Problem konfrontiert aus der unendlich scheinenden Vielfalt lyrischer Ausdrucksmöglichkeiten so viel herauszufiltern, dass Übersicht und Komplexität des Sachverhaltes gleichermaßen erhalten bleiben. Es ist die Gratwanderung zwischen den bekannten Vorurteilen von Schülern gegenüber Lyrik und dem Anspruch des sprachlichen Kunstwerks. Sprachkompetenz erfordert den Umgang mit der Sprache. Somit erfordert Lyrikunterricht den Umgang mit Lyrik, das heißt, am Anfang kann nicht die Reproduktion oder gar die Theorie stehen, sondern die Produktion. Um produktiv arbeiten zu können – und da bleiben wir nun bewusst im Bild – muss man sowohl die Produktionsmittel als auch die Werkzeuge zur Produktion kennen und damit hantieren lernen. Aus dieser relativ simplen Erkenntnis leitet sich der handlungsorientierte Ansatz zum Umgang mit Lyrik ab. Lyrik – zumindest in der Phase des Einstiegs und des Trainings zum kompetenten Umgang – als kreatives Übungsfeld, als Experimentierfeld mit Worten, Wortkombinationen und vielfältigen Formen.

Für Lyrik gelten bei aller Vielfalt - auch bei aller Vielfalt der anzutreffenden Begriffsbestimmungen - grundsätzlich zwei Kriterien:
- Lyrik ist nicht narrativ (erzählend)
- bei Lyrik handelt es sich um überstrukturierte Textkompositionen.

Zum ersten Kriterium:
Danach zählen alle Formen von Gedichten mit einer wie auch immer gearteten Ezählhaltung (Erzählung im Sinne einer Geschichte) nicht zur Lyrik: Bänkellied, Moritat, Ballade.
Aus diesem Umstand ergibt sich zwangsläufig eine Schreibhaltung der Lyrik, die sich in der des „lyrischen Ichs" manifestiert und sich allen denkbaren Themen zuwendet: Leben-Tod, Liebe-Leid-Freude-Schmerz, Einsamkeit, Natur und vieles mehr. Politische, sozialpolitische oder philosophische Gedanken, Analysen, Appelle, Manifeste und dergleichen kennen wir in der Lyrik nicht erst seit Walther von der Vogelweide.

Zum zweiten Kriterium:
Überstrukturiertheit bedeutet, dass so beschaffene Texte in ihrer Aussage mehrere Bedeutungsebenen enthalten. Diese ergeben sich durch die Besonderheit der Sprache, der Struktur und der Form. Der Hinweis auf die Sprache ist einleuchtend, denn die „Bildsprache" der Lyrik und die bei der Lyrik häufig anzutreffende Eigengesetzlichkeit von Satzkonstruktionen, Wortkombinationen, Wortbildungen oder Wortschöpfungen sind vertraute Eigenarten. Es sind die Merkmale, die bei Schülern zunächst auf Unverständnis oder gar auf Ablehnung stoßen, die aber dennoch nachvollziehbar sind und Anreize zur Nachahmung bieten. So ist es denkbar eine Metaphorik zu schaffen, bei der die Schüler zum Thema *Wintermorgen* erst einmal verschiedene „Töpfe" mit Wortarten – etwa Verben, Adjektive und Substantive sammeln und aus den verschiedenen „Töpfen" Wörter konstruieren: *Frost* und *grell* wird *frostgrell*. Die Assoziationen sind nachvollziehbar, wenn man klirrende Kälte bei hellem Sonnenlicht erlebt hat. In diesem Sinne lässt sich experimentieren, bis Schüler gar sensibel werden für chiffrierte Aussagen, man denke hier an Celans *„Schwarze Milch der Frühe".*

Vorbemerkungen

Schwieriger fassbar sind strukturale Elemente. Die Vorstellungen davon sind vielfach diffus und sind auch Schülern, unserer Erfahrung nach, kaum so nahe zu bringen, dass sie in der Lage wären selbstständig und selbstsicher damit umzugehen und im kreativen Sinne sie auch anzuwenden. Strukturale Elemente werden – auch manchmal von Kollegen gleichgesetzt mit formalen Kriterien wie Strophen oder Zeilenkompositionen. Die Struktur eines Textes umfasst jedoch die Komposition hinsichtlich sprachlicher und inhaltlicher Zusammenhänge. Ein Beispiel soll dies verdeutlichen:

Conrad Ferdinand Meyer
Zwei Segel

Zwei Segel erhellend
Die tiefblaue Bucht!
Zwei Segel sich schwellend
Zu ruhiger Flucht!

Wie eins in den Winden
Sich wölbt und bewegt,
Wird auch das Empfinden
Des andern erregt.

Begehrt eins zu hasten,
Das andre geht schnell.
Verlangt eins zu rasten,
Ruht auch sein Gesell.

Der inhaltliche Sachverhalt erscheint einfach: Ein im Hintergrund beobachtendes Lyrisches Ich sieht das gleichförmige Miteinander zweier Segel. Ob diese Segel für Segelboote stehen (methonymische Verkürzung, bei der ein Teil für das Ganze steht) oder ob es sich um zwei Segel auf einem Boot handelt, ist für das Verständnis unerheblich. Wichtiger ist, wie Meyer ab der zweiten Strophe dem realen Sachverhalt eine Eigendynamik verleiht, welche ihren Ursprung in den nur Menschen eigenen Antrieben hat: *Empfinden-erregt-begehrt-verlangt-ruht*, ein Paradigma menschlicher Gefühls- bzw. Willensäußerungen. Setzt man nun das eigentliche Schlüsselwort *Gesell*, bezeichnenderweise das letzte Wort des Gedichtes, als Paradigma-Titel, so ergibt sich für das Verständnis des Gedichtes ein einheitlich neues Bild: Die zwei Segel in der idyllischen Bucht liefern das Abbild zweier harmonisierender Menschen, Partner oder sich Liebende, das bleibt letztlich offen. Diese Harmonie wird mit dem realen Bild von der tiefblauen Bucht und dem der sich in ruhiger Flucht bewegenden Segel gleichsam von Beginn an thematisiert. Die Vollkommenheit dieser Harmonie spiegelt sich wiederum in der gleichmäßig metrischen bzw. rhythmischen Bewegung der Verse ebenso wie im lautlichen Wohlklang. Es gibt keinerlei Konsonantenreibungen, keine grellen Vokale, nichts, was diese Harmonie, wenn auch nur formal stören könnte.

Zusammenfassend lässt sich folgendes feststellen: Die Aussage des Gedichtes wird durch seine besondere Struktur erfahrbar. Diese ergibt sich durch die syntagmatischen Bezüge, also durch die Kombination von Bedeutungseinheiten im Nacheinander und durch paradigmatische Bezüge, also durch Beziehungen, die auf Ähnlichkeiten beruhen. Die syntagmatischen Bezüge vermitteln das Bild von den beiden Segeln, welche in idyllischer Umgebung jeweils das gleiche tun, also synchron sich bewegen oder ruhen. Diese Bezüge ergeben sich sozusagen durch die horizontale Anordnung des Textes. Die paradigmatischen Bezüge ergeben sich durch das vertikale Lesen des Textes. Die Ähnlichkeit von *Empfinden-erregt-begehrt-verlangt-ruht* und schließlich *Gesell* verweisen auf die zweite Bedeutungsebene des Textes, auf seine Überstrukturiertheit.

Die Analyse offenbart nun ein Dilemma, mit dem sich der traditionelle Lyrikunterricht ebenso auseinandersetzen musste und muss wie die von uns vorgestellten Ansätze: Mit zunehmend steigendem Niveau der Texte, mit dem sich zunehmend verfeinertem Handwerkszeug, mit dem an die Lyrik herangegangen werden soll, wird die angestrebte Kompetenz im Umgang mit der Lyrik eher in weitere Ferne gerückt als näher gebracht. Anders ausgedrückt, die Schere zwischen denen, die durchsteigen und denen, welche aussteigen, droht größer und größer zu werden.

Für den handlungsorientierten Unterricht ergeben sich aus all den bisher dargelegten theoretischen Überlegungen zwei grundsätzliche Forderungen.

1. Der kreative Umgang mit Lyrik soll eine Plattform schaffen, die den Schülern erlaubt, lyrische Elemente als Handwerkszeug für Sprachschöpfungen zu erleben, zu begreifen und anzuwenden.

2. Der kreative Umgang mit diesem Handwerkszeug bleibt aber eine Plattform. Er verschafft Zugang zur Lyrik und hilft somit bekannte Vorurteile oder Aversionen gegen Lyrik zu verhindern. Er führt nicht zur letzten Kompetenz und ersetzt damit nicht die Analyse und die Interpretation.

Werden diese Grundsätze eingehalten, wird verhindert, dass die im weiteren Verlauf vorgeschlagenen Ansätze und Methoden als Spielerei missverstanden werden.

Kreativität – Schreiben

Das Schreiben von Schülergedichten wird in der Fachliteratur gelegentlich als leerer Formalismus bemängelt. Das Kreative und Produktive münde nicht in kognitive Einsichten, die zu einem tieferen Verständnis von Lyrik führten. So lautet der Kern der Einwände.

Unsere Erfahrungen, die Schülergedichte und deren spürbare Sensibilisierung für Formen und Inhalte von Lyrik widersprechen dem deutlich. Dies zeigt, dass sorgfältig ausgewählte und zielgerichtet kreative und produktive Unterrichtsformen dazu beitragen können, sprachliche Sensibilität und strukturelle Einsichten zu unterstützen.

Ergänzend möchten wir der Kritik eine Feststellung von Kaspar H. Spinner entgegenhalten:

„Während viele Unterrichtsmaterialien noch so tun, als müssten die Schülerinnen und Schüler vor allem Regeln, Merksätze und Merkmale auswendig lernen, wissen wir, dass bleibende Lernerfahrungen dann entstehen, wenn sich die Lernenden selbst Strukturen schaffen. (...) Noch immer fallen emotionale und kognitive Prozesse im Unterricht auseinander und sei es nur die Trennung von subjektiver

Vorbemerkungen

Erstrezeption und daraus folgender objektivierender Textanalyse im Literaturunterricht. Dabei wissen wir, dass die fruchtbarsten Kernergebnisse durch das Zusammenwirken emotionaler und kognitiver Verarbeitungsprozesse entstehen. (...)
Die Methodik des Deutschunterrichts bemüht sich deshalb heute in besonderem Maße darum, die Verknüpfung kognitiver und emotionaler Verarbeitungsweisen zu fördern – vom erfahrungsbezogenen Erstschreibunterricht bis zu den produktiven Verfahren im Literaturunterricht."

Kaspar H. Spinner, Neue und alte Bilder von Lernenden. In: Postille Nr. 5. Mitteilungen des Symposions Deutschdidaktik e.V. 1995, S. 5f.

eigenes Tun – höchster Lerneffekt

Untersuchungen zum Lernen und Behalten sprechen eine deutliche Sprache: Selbst Zahlen werden besser behalten, wenn sie mit einer ansprechenden Grafik verbunden sind. Werden Texte visualisiert, steigt das Erinnern (Behalten) rapide an. Und: Den höchsten Lerneffekt hat das eigene Tun. Die Behaltensquote steigt hier auf bis zu 90% an.

Bezogen auf Lyrik bedeutet dies, dass eigenes Schreiben Zugänge zu wesentlichen Einblicken und Fragestellungen eröffnet:

- ☞ Welche sprachlichen Mittel verwendet ein Lyriker?
- ☞ Warum verwendet er diese?
- ☞ Wie wird die sprachliche Dichte erreicht?
- ☞ Wie entstehen Bilder, die den Leser fesseln?
- ☞ Wie werden affektive oder kognitive Prozesse beim Leser ausgelöst?
- ☞ Welche Botschaften vermitteln Gedichte?

Die sinnlich-produktiven Erfahrungen aus eigenem Schreiben münden in kognitivem Verstehen. Das produktive Handeln erschließt einen auch kognitiven Zugang zu Sprache und Form von Lyrik. Diese Erfahrungen und Fertigkeiten wiederum tragen zu tieferen Einblicken und zu einem intensiveren Verstehen bei Gedichtanalysen bei.

Wege zur Kreativität

Schreiben geht nicht auf Kommando. Je voller der Kopf, desto größer die Schreibhemmung und die Angst vor dem leeren Blatt. Viele Schüler/innen verharren vor ihrem Blatt und versuchen durch (logisches!) Nachdenken Ideen zu finden. Gerade dadurch „verschließen" sie in ihrem Gedächtnis gespeicherte Erinnerungen, Bilder und Eindrücke. Diese sind nur teilweise mittels Regeln oder gelernter Instrumentarien erreichbar.

Besinnung und Einstimmung sind nötig, um Denken wie Empfinden auf das Schreiben auszurichten.

Wichtig ist in der Anfangsphase des Schreibens die Entkorkung sprachlicher Kreativität bei Schülerinnen und Schülern. Die Erfahrung – *„Es geht! Ich kann schreiben!"* – beflügelt.

Das menschliche Gehirn arbeitet nicht wie ein Computer, der Daten abspeichert und diese gezielt abfragen kann. Viele unserer Informationen bewahrt unser Gehirn in Form von Bildern, Farben und Gefühlen auf. Wir erinnern uns in Bildern und Assoziationen. Diese müssen wir aktivieren.

Gedanken erschließen – sich selber lesen

Max Frisch äußerte sich über sein Schreiben in einem Aphorismus: „Schreiben heißt, sich selber lesen."

Wesentliche Schreibanlässe liegen in uns selbst, in unserer Erinnerung als gespeicherte Wahrnehmungen. Deshalb bezieht kreatives Schreiben wesentliche Impulse aus der Erfahrung der Schülerinnen und Schüler: Dies können Naturerfahrungen und Alltagserfahrungen ebenso sein wie Beziehungserfahrungen, Erfahrungen von Glück und Leid u.v.m. Durch die Versprachlichung wird diese Erfahrung ins Bewusstsein gehoben. So ist kreatives Schreiben immer auch ein individuelles Erschreiben, mit dem sich der Schüler einbringen kann.

- Wenn wir uns entspannt besinnen und erinnern, fallen uns Momente und Situationen ein, die unser Leben geprägt haben:
- Erfahrungen des Leids beim Tod der Lieblingsgroßmutter
- Erfahrungen der Zufriedenheit bei einem Frühlingsspaziergang
- Erinnerungen an ein Unglück
- Erinnerungen an einen Platz, an dem wir uns als Kind besonders wohl, geborgen fühlten ...
- Erinnerungen an ein Abschiednehmen ...

Diese Bilder und Erinnerungen liegen unstrukturiert nebeneinander. Sie müssen zunächst zugängig gemacht werden, bevor aus ihnen ein linearer und geordneter Text in lyrischer Form entstehen kann.

Jeder Schreibvorgang ließe sich als Spirale abbilden:

> IDEEN ERSCHLIESSEN UND SAMMELN
> ERSCHLOSSENE IDEEN ORDNEN UND AUS IHNEN AUSWÄHLEN
> IDEEN ZU TEXTEN FORMULIEREN
> TEXTE MIT ANDEREN AUSTAUSCHEN
> GESCHRIEBENES ÜBERARBEITEN
> TEXTE GESTALTEN
> TEXTE VERÖFFENTLICHEN

Die Anordnung des Schreibprozesses als Spirale eignet sich, da in ihr zu jedem Punkt zurückgekehrt werden kann, um einen Text in seine Endform zu bringen. Schreiben ist kein hierarchisch ablaufender Vorgang. Ein Schüler, der feststellt, dass in seinem Gedicht Lücken sind, kehrt zum ERSCHLIESSEN zurück, um seine IDEEN zu ergänzen. Nach dem AUSTAUSCHEN werden Überarbeitungen vorgenommen und Texte neu formuliert.

Damit verbunden ist das Bemühen um den passenden Begriff, die Suche nach dem treffenden Wort, dem stimmigen Vergleich und nach dem passenden Bild.

Das Verfassen von Gedichten wird daher erleichtert, wenn ein angemessenes Handwerkszeug, wenn sprachliche wie stilistische Vorgehensweisen angewendet werden. So führt eigenes Schreiben auch zu einer fortschreitenden Sensibilisierung gegenüber sprachlichen und stilistischen Ausdrucksformen. Schüler/innen, die selbst Gedichte verfassen, sind aufgeschlossener und erfahrener beim Erschließen von Lyrik. Eigenes Schreiben dient vor allem auch der Textanalyse, dem Zugang zum Verstehen und Erfassen von Text und Wirkung und dem Zugang zum Verstehen von Texten als Welt- und Lebenserfahrung.

Automatisches Schreiben weckt Erfahrung

Surrealistische Schriftsteller, auch Therapeuten setzten und setzen die Methode des „automatischen Schreibens" ein, um Hemmungen zu überwinden.

Das automatische Schreiben soll die Aufmerksamkeit „nach innen" wenden. Es wird vor einer Schreibphase als „Aufwärmung" verwendet, indem auf einem leeren Blatt alle Gedanken und Einfälle festgehalten werden, die dem Schüler in den Sinn kommen.

„Sieben Minuten schreiben"
Eine weit verbreitete Form des automatischen Schreibens stellt das „Sieben-Minuten-Schreiben" dar.

Vorbereitung:
- Die Schüler/innen suchen sich eine bequeme Schreibhaltung, einen ihnen angenehmen Schreibort.
- Meditative, ruhige Musik unterstützt die Einstimmung.
- Die Augen werden für eine Minute geschlossen, innere Bilder werden auf das weiße Blatt einfach hintereinander geschrieben.
- Die Schreibzeit kann vier oder auch bis zu zehn Minuten umfassen.
- Gleichgültig, was in den Sinn kommt, auch Nichtzusammengehörendes wird aufgeschrieben.

Hilfen für die Schüler/innen:
- ☞ Grammatik ist nicht wichtig.
- ☞ Halte einzelne Wörter, Sätze oder Satzfetzen fest, alles, was dir in den Sinn kommt!
- ☞ Schließe keinen deiner Gedanken aus.
- ☞ Wenn dir nichts mehr einfällt, wiederhole den letzten Satz, das letzte Wort ...

Nach der Schreibzeit – die Texte werden nicht vorgelesen – werden die Schreiberfahrungen und -gefühle miteinander besprochen. Wer dann will, kann seine Ergebnisse vorlesen.

Jeder Schüler sucht sich sein Wort, seinen Satz heraus, der ihm am wichtigsten erscheint, der eventuell auch mehrfach variiert auf dem Blatt steht. Dieser wird als Ausgangssatz für einen Text benutzt.
So könnte auch ein gemeinsames Gedicht oder eine gemeinsame Geschichte entstehen.

In Freiarbeit oder in den Wochenplan lassen sich Phasen des Freien Schreibens ideal einbauen. Schüler/innen, die diese Form praktizieren, verlieren zunehmend Schreibhemmungen und erfahren das Schreiben als etwas Angenehmes und Entspannendes.

Variationen:
Ein Thema wird vorgegeben, etwa „Herbst", „Reisen", „Fliegen" oder „Jahrmarkt" oder „Liebe", auch „Freude" oder „Jungen und Mädchen" sind gut geeignet.
Im automatischen Schreiben wird eine andere Art der Stoffsammlung erstellt. Erfahrungen aus Schreibwerkstätten zeigen, dass diese mehr Ansätze, eine breitere Tiefe erschließen als das von Anfang an zu sehr strukturierende Gliedern.
Nach der Schreibphase notiert jeder ein oder zwei Sätze, Gedanken, Wörter und legt sie in die Mitte des Sitzkreises bzw. heftet sie an die Tafel/das Flipchart an. Gemeinsam erstellt die Gruppe/Klasse eine Stoffsammlung.

Clustering – Cluster

Einige der oben skizzierten Verfahren sind Ihnen sicherlich im Zusammenhang mit „Mindmapping" oder „Clustern" begegnet.
Beide Vorgehensweisen beruhen auf Erkenntnissen der Hirnforschung:
Die linke Hälfte unseres Großhirns denkt mehr linear, sie verarbeitet Gedanken stärker nacheinander, sie gliedert, verbindet logisch Ursache, Wirkung und Folgen. Der linken Hirnhälfte sind Sprache, Logik, Zahlen, Folgen und Analyse zugeordnet.
Die rechte dagegen verarbeitet Informationen nebeneinander, bildet mehrere Gedanken zugleich und bildhaft ab, stellt Ähnliches nebeneinander. In dieser Hemisphäre wird das Ganze abgebildet.
Der rechten Hemisphäre werden Bilder, Farben, Rhythmus, Räumlichkeit und Synchronisation zugeschrieben.
Wichtig ist das Zusammenwirken beider Hemisphären: Je intensiver beide Hälften zusammenwirken, desto höher ist die Leistung.

CLUSTER

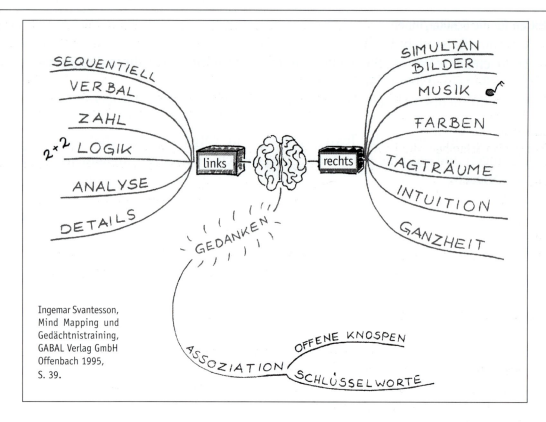

Ingemar Svantesson, Mind Mapping und Gedächtnistraining, GABAL Verlag GmbH Offenbach 1995, S. 39.

Entsprechend dieser Erkenntnis ist es wichtig, in unserem Gedächtnis gespeicherte Bilder, Gefühle und Gedanken zu erschließen, zugängig zu machen. Beide Hirnhälften sollen aktiviert werden und sich ergänzen.

Cluster

Die amerikanische Schriftstellerin Gabriele L. Rico wandte in den Achtziger Jahren für ihr Schreiben eine neue Methode an und entwickelte diese. Der englische Begriff „cluster" (Anhäufung, Haufen, Traube oder Bündel) umschreibt nur unzureichend diese kreative Methode. Gemeint ist ein freies, assoziatives Schreiben, dem ein Ideennetz zur Einstimmung und Vorbereitung vorausgeht. Gabriele L. Rico will mit dem Clustern Gedanken und Erinnerungen zugängig machen, die durch logisches Denken, durch Nachdenken allein nicht erreichbar sind.

Rico drückt dies so aus: „Nur ein unablässiges Hin- und Herwechseln zwischen der Vision des Ganzen, die uns vorschwebt, und den Einzelheiten und Sequenzen, mit denen wir diese Vision zu einem klar umrissenen Ganzen ordnen, ermöglicht es uns, ihr in einem geschriebenen Text Gestalt zu geben."
    Gabriele L. Rico, Garantiert schreiben lernen. Sprachliche Kreativität methodisch entwickeln – ein Intensivkurs auf der Grundlage der modernen Hirnforschung. Reinbeck bei Hamburg 1984, S. 19.

Das Clustering soll für eine kreative Phase (10 Minuten) logisch-deduktives und begriffliches Denken zugunsten assoziativer Verknüpfung und bildhaften Denkens zurückdrängen. Ziel dieser Methode ist, zum Fundus der scheinbar ungeordneten, nebeneinander existierenden inneren Bilder, Empfindungen, Erinnerungen und Gefühle vorzudringen.
Ein Cluster besteht aus einem Ideennetz, das um ein Kernwort herum angeordnet wird. Dieses Schlüsselwort soll Assoziationen auslösen helfen. Somit muss es ein starkes Kernwort sein, um einen Prozess auszulösen. Es wird zum Schlüsselwort der verdeckten Gedanken, Erinnerungen und Empfindungen.
Es entsteht eine Art Traube aus verschiedenen Assoziationsgruppen.
Durch das Clustern werden meist Empfindungen aus verschiedenen Wahrnehmungsbereichen ausgelöst: SEHEN, RIECHEN, FÜHLEN, HÖREN, EMPFINDEN. Damit ist das Clustern auch eine gute Vorarbeit für lyrisches Schreiben.

Die eingehende Betrachtung des fertigen Clusters vermittelt vielen Schülern das Gefühl "Ich weiß jetzt, was ich schreiben will!" Jene Begriffe des Clusters werden den Schreibimpuls geben, die die stärkste Erinnerung oder das dominanteste innere Bild enthalten.

Erst in dieser Phase wird bewusst ausgewählt oder auch ergänzt. Für das Schreiben eines Gedicht werden ein oder mehrere Assoziationsgruppen (Trauben, Haufen) ausgewählt. So wird auch der Charakter des Gedichtes – eher besinnlich oder grell, eher nachdenklich oder beschreibend, erst jetzt entschieden.

Beim freien Schreiben wird im Anschluss an das Clustern in ca. sieben Minuten ein kurzer Text niedergeschrieben, ohne dabei besonders auf die sprachliche Form zu achten. Beim Schreiben längerer Texte, etwa von Erzählungen dient dieser kurze Text als Steinbruch für das weitere Schreiben.

Gut geeignete Kernwörter sind Glück, Pech, Freude, Zukunft, Wasser, Angst, Fliegen, schreiben, leicht, ängstlich ...

Einsatz:

Gut für freies Assoziieren, zum Meditieren, zum Aufwärmen und für offene Gesprächsanlässe.
Daher eignet sich das Clustern gut für kleinere Textformen wie Gedichte und freie Geschichten.

Vorgehen beim Clustern

⇨ Das Clustern beginnt immer mit einem Kern. Dieser wird als Schlüsselbegriff zentriert auf eine leere Seite (Querformat) geschrieben und mit einem Kreis umgeben.

⇨ Wichtig ist, entspannt dem Strom der Gedanken zu folgen, die sich einstellen. Jeder Einfall (Idee) wird sofort in einen eigenen Kreis geschrieben.

⇨ Die neuen Wörter (Ideen) werden um den Kern kreisförmig angeordnet und mit einem Strich mit diesem verbunden.

⇨ Jedes neue Wort zu einer Idee wird durch einen Strich mit dieser verbunden.

⇨ Eine gänzlich neue Idee wird direkt mit dem Kern verbunden. Von ihr aus werden die dazugehörenden Assoziationen nach außen ergänzt.

⇨ Wenn diese erschöpft sind, wird mit der nächsten Ideenkette wieder beim Kern begonnen.

⇨ Einfälle, die zusammengehören, werden durch Striche oder Pfeile verbunden.

⇨ Jede Assoziation erhält ihren eigenen Platz. So wird die Idee im nächsten Assoziationsschritt zu einem neuen Kernwort, um das sich neue Ideen und Gedanken bündeln lassen.

So stellt sich die Form einer Traube ein:

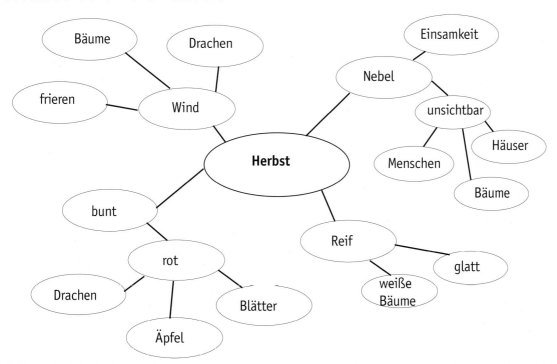

KREATIVITÄT II
Kreativität und Textarbeit

Bevor wir in die eigentliche Schreibwerkstatt einsteigen, soll ein Beispiel verdeutlichen, wie die traditionelle Arbeit am lyrischen Text mit handlungsorientierten Elementen erweitert und differenziert werden kann. Der Unterrichtsvorschlag mag für alle Gedichte stehen, die visuelle und lautmalerische Elemente des Lyrischen betonen.

Britting, Fröhlicher Regen

Wie der Regen tropft, Regen tropft,
An die Scheiben klopft!
Jeder Strauch ist naß bezopft.

Wie der Regen springt!
In den Blättern singt
Eine Silberuhr.

Durch das Gras hin läuft,
Wie eine Schneckenspur,
Ein Streifen weiß beträuft.
Das stürmische Wasser schießt
In die Regentonne,
Daß sie überfließt,
Und in breitem Schwall
Auf den Weg bekiest
Stürzt Fall um Fall.

Und der Regenriese,
Der Blauhimmelhasser,
Silbertropfenprasser,
Niesend faßt er in der Bäume Mähnen.
Und er lacht mit fröhlich weißen Zähnen
Und mit kugelrunden, nassen Freudentränen.

Es gibt Vorschläge, das Gedicht mit Musikinstrumenten zu untermalen. Warum Musikinstrumente, frage ich, das Gedicht enthält doch schon ein ganzes Instrumentarium:
- tropft-klopft
- springt-singt
- schießt-fließt
- Schwall
- Hasser-Prasser
- niesend
- schnaubend
- lacht

– alles Wörter, die schon so viel an Klängen enthalten, dass damit fantastischer Regen kreiert werden kann! Daneben gibt es die tatsächlichen Bilder:

- Jeder Strauch ist naß bezopft.
- Eine Silberuhr
- Durch das Gras hin läuft, wie eine Schneckenspur, ein Streifen weiß beträuft.
- (aus der überfließenden Regentonne) ... Stürzt Fall um Fall.
- Regenriese
- Niesend faßt er in der Bäume Mähnen
- Und er lacht mit fröhlich weißen Zähnen und mit kugelrunden, nassen Freudentränen.

All diese Bilder lassen sich doch malen, auch mit verschiedenen Varianten!

Es ist also ein Unterrichtsszenario denkbar, bei dem ein Teil der Klasse damit beschäftigt ist Bilder zu den oben aufgeführten Themen zu malen, am besten mit Wasserfarbe (vielleicht nass in nass, auch um schnelle Ergebnisse zu erzielen), diese dann ausschneidet um sie auf großem Packpapier wieder zu einem Gesamtbild des Regens zusammenzufügen. Eine andere Gruppe studiert den Vortrag des Gedichtes und die lautmalerischen Effekte ein. Das könnte so aussehen:

⇨ Ein Schüler oder eine Schülerin soll den Vortrag vorbereiten. Aufgabe dabei: Der Vortrag soll die akustischen Elemente und die Komik (Fröhlicher Regen) hervorheben. Möglicherweise muß mit einem Mikrophon vorgetragen werden, was auf Grund der nachfolgenden Vorschläge einleuchten wird.

⇨ Eine Gruppe mit vier bis sechs Schülern soll fortwährend *tropft* bzw. *klopft* sprechen, jeder Schüler in einer anderen Geschwindigkeit und in einer jeweils anderen Tonhöhe. Diese *„tropft"* und *„klopft"* sind dann permanente Begleitmusik während des ganzen Vortrags.

⇨ Alle anderen akustischen Ereignisse, welche oben aufgelistet sind, werden dann jeweils an der Stelle des Textes ein- oder mehrfach hinzugefügt, an der sie im Text genannt werden. Das kann vom Rest der Gruppe jeweils übernommen werden. Wichtig ist, dass all diese Wörter, die die Schüler dem Vortrag hinzufügen ein akustisches Eigenleben erhalten. So kann beispielsweise *„singt"* mit einer abfallenden Terz (si-ingt) tatsächlich gesungen werden. Ähnlich verfährt man mit den anderen Wörtern: Überbetonung von *„S"* bzw. *„SCH"*, ein explodierendes *„i"* bei *niesend*, ein mehrfaches Staccato bei *„lacht"* ergibt ein Lautkonzert, das im vorstrukturierten „Chaos" endet.

Einstudiert muss das von diesem Teil der Klasse schon deshalb werden, weil den Schülern klar sein muss, wann sie dran sind und wie sie ihre Effekte möglichst wirkungsvoll einsetzen. Es ist beispielsweise meiner Erfahrung nach – je nach Dialekt, den die Schüler sprechen, gar nicht so einfach *schießt-fließt* mehrmals hintereinander so zu sprechen, dass die S-Laute überdeutlich hervortreten.

Zu klären wäre noch, was das Ganze mit Lyrikunterricht und mit Erziehung zur Sprachkompetenz zu tun hat. Vielleicht wird diese Frage zumindest annähernd beantwortet, wenn ich auf die Einstiegsmöglichkeiten zu Brittings Gedicht verweise.

Kreativität II

- Die Schüler sollen nach dem ersten Kennenlernen mitteilen, was sie sehen, wenn sie das Gedicht vorgetragen bekommen. Da werden wohl eine ganze Reihe Antworten kommen, die aus dem Text abgeleitet sind: *Das stürmische Wasser schießt in die Regentonne* und mehr. Nachfragen kann man bei *Regenriese* oder *Silbertropfenprasser* um auf entsprechende Bilder zu kommen.

- Die Beiträge der Schüler werden an der Tafel aufgelistet, etwa in der Form, wie sie oben schon aufgeführt sind. Wichtig dabei ist, dass das Textzitate sind. Wichtig auch, dass die Schüler diese Textstellen jeweils mit der gleichen Farbe markieren. Vielleicht war bei den Beiträgen der Schüler schon etwas dabei, was sich eher hören als sehen lässt. Man kann darauf eingehen und dazu Passendes im Text suchen lassen (Paradigmabildung!). Wenn nichts gekommen ist, ist ein weiterer Vortrag mit dem Hinweis, ob auch etwas zu hören ist, notwendig. Auch jetzt werden die Beiträge aufgelistet und entsprechend im Text, jetzt mit einer anderen Farbe, markiert.

So erfährt der Schüler beinahe wie von selbst, dass die Substanz des Textes aus einer Mischung visueller und akustischer Ereignisse besteht, die sich teilweise ergänzen und teilweise austauschbar sind (syntagmatischer und paradigmatischer Bezug).
Bei der endgültigen Darbietung ist eine Tonbandaufnahme von Nutzen. Sie dokumentiert das Geschehen einerseits und bietet andererseits Anregung zur Nachahmung für ähnliche Stoffe, etwa „Der Wetterhahn" von Karl Krolow.

Eignung: Klasse 6 und 7

Schreibhilfen für Lyrik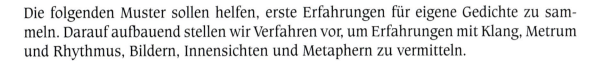

Die folgenden Muster sollen helfen, erste Erfahrungen für eigene Gedichte zu sammeln. Darauf aufbauend stellen wir Verfahren vor, um Erfahrungen mit Klang, Metrum und Rhythmus, Bildern, Innensichten und Metaphern zu vermitteln.

Zeilengedichte

Gerade für „Anfänger" und für jüngere Schüler eignen sich die Zeilengedichte. Sie vermitteln ein Gefühl der Sicherheit. Ihre Wurzeln liegen einerseits im japanischen Haiku, andererseits finden wir Gestaltungselemente auch in moderner, zeitgenössischer Lyrik. Man könnte sie als „Gebrauchslyrik" oder „Alltagslyrik" bezeichnen.
Der Zeilensprung (Enjambement) ist möglich.

Elfergedicht -Elfchen:

1. Zeile: 1 Wort
2. Zeile: 2 Wörter
3. Zeile: 3 Wörter
4. Zeile: 4 Wörter
5. Zeile: 1 Wort

Der Schlussvers soll mit einem Wort zusammenfassen. Dies kann pointiert oder sehr bildhaft erfolgen.
Das Schreiben lässt sich gut mit einem Cluster, verbunden mit einer Einstimmung (Bild, Musik) vorbereiten.

Einige Schülerbeispiele einer 5. Klasse

Kälte
Der Schnee
Er kommt geflogen
So weiß und zart
Winterzeit

Advent
Die Kerzen
sie wärmen mich
und leuchten hinterm Glas.

Wärme.

Kälte
Der Wind
bläst vom Himmel
herab auf die Erde
Brr!

Im letzten Beispiel verstärkte das Mädchen ihre Aussage, indem sie die letzte Zeile mit dem Wort „Wärme" als Einzelstrophe absetzte.

Weihnachtsfreuden

Schnee
Ist gefallen
Plätzchenduft, bunte Lichter,
Weihnachtsbaum geschmückt mit Sternen,
Weihnachtsfreuden.
Julian

Das dazugehörende Cluster:

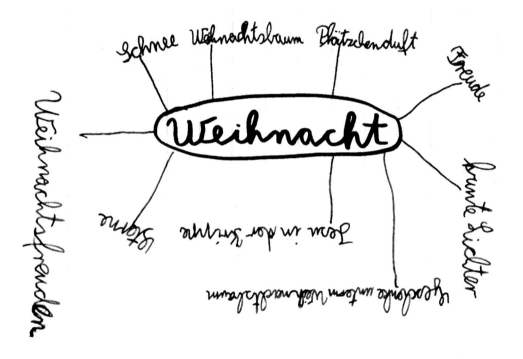

Aus Cluster und Gedicht lässt sich schön erkennen, welche inneren Vorgänge beim Auswählen und Anpassen der gefundenen Begriffe stattgefunden haben.
Die Schüler erfahren bereits bei diesen einfachen Formen, dass die Wahl der Wörter und Eindrücke zu einer Stimmungslage passen muss und dass das Gedicht einen „Abschluss" erfährt. Es verdichtet sich.

Elfchen mit Vorgaben
Dieses Elfergedicht gibt für den Inhalt Vorgaben und lenkt so zur Berücksichtigung unterschiedlicher sinnlicher Wahrnehmungen in der Lyrik.
Ergänzend zur Zeilenkompostion wird festgelegt:

1. Vers: eine Farbe oder Eigenschaft
2. Vers: Gegenstand/Tier mit dieser Farbe/Eigenschaft
3. Vers: Tätigkeit dazu oder Wie/Wo
4. Aussage über das Thema in einem Wort

Damit führt das kreative Schreiben bereits ein Stück in das Verstehen von Lyrik hinein.
Viele Schüler haben mit dieser Form bereits Erfahrungen aus ihrer Grundschulzeit.
Ein Schülerbeispiel, wiederum aus einer 5. Klasse:

> **Der Fuchs**
> Rotbraun
> Der Fuchs
> Er jagt die Beute
> Er frisst sie
> Nahrungsbeschaffung
>
> Daniel

Stufengedichte (Rautengedichte)

Diese Stufengedichte erhalten die Form einer Raute. Daher ihr Name:

1. Zeile: 1 Wort
2. Zeile: 2 Wörter
3. Zeile: 3 Wörter
4. Zeile: 4 Wörter

ab 5. Zeile abfallend, so dass in der 7. Zeile wieder nur ein Wort steht.
Dieses „fasst auch hier zusammen".

Jede dritte Zeile gleich

Hierbei wird festgelegt, dass immer die dritte Zeile eines Gedichts gleich lautet.
Ein Beispiel zum Thema Herbst:

Die jeweils ersten Verse „führen" zum dritten hin. In diesem Beispiel wird auch schön deutlich, dass die zwei Verse, die zum dritten, sich wiederholenden führen, aus einer Vorstellung oder aus einem Sinnesbereich stammen.

SCHREIBHILFEN I

HAIKU

Ein Haiku aus Japan:

> Vom seichten Flusse
> Im Dunkelgrün des Wassers
> Der erste Schimmer
>
> *Getto*

Das Haiku ist für Schüler, die bereits Erfahrungen mit Gedichten haben. Diese lyrische Form fand über Japan den Weg zu uns. Seine Wurzeln liegen im ZEN–Buddhismus. Ein Haiku besteht aus drei Zeilen mit 5-7-5 Silben, insgesamt somit 17 Silben. Die letzte Zeile kann pointiert oder heiter abschließen.
Variationen: 5-5-7 oder 7-5-5 Silben.

Ein Haiku enthält eine Augenblicksaufnahme eines Eindrucks oder einer Stimmung. In den ersten zwei Versen wird ein Gegenstand, ein Thema oder eine Situation vorgestellt. Der Leser formt sich aus dem Ausschnitthaften das Ganze. Die strenge Silbenvorgabe zwingt dazu, sich auf Wesentliches, Typisches zu konzentrieren.
Damit ist es ähnlich wie ein Stufengedicht mit Vorgaben aufgebaut. Ergänzend verlangt es eine strenge rhythmische Form. Diese wiederum unterstützt die Bildaussage und vermittelt Erfahrungen mit Metrum und Rhythmus.
Schreiben Sie selbst solche Gedichte. Sie zwingen durch ihre strenge Vorgabe zum Ausprobieren, zum Ersetzen von Worten und zu sinnlich-lautlicher Geschlossenheit. Ein Gefühl für das Metrum stellt sich ein.
Sie sind ein wunderbarer Weg zu Konzentration und zum Finden innerer Ruhe.

Das erste Beispiel „FLIEGEN" wurde im Unterricht aus einer Bildvorlage zu einem Kettenkarussell entwickelt.
Die Schüler/innen hatten bereits Erfahrungen mit Zeilengedichten.

> **Fliegen**
> Sessel schweben durch
> blauen Raum. Schatten wirbeln
> lachend und schreiend.

SOMMER stammt aus einem Literaturkurs mit Erwachsenen. Diese erhielten zur Einstimmung eine Reihe von Landschaftsimpressionen zur Auswahl. Zunächst schrieb jeder in Form des „Sieben-Minuten-Schreibens" alle Gedanken hintereinander auf, die in den Sinn kamen. Daraus wurde ein Zeilengedicht mit Zeilensprung angefertigt.
In der letzten Stufe wurde die strenge Haiku-Form experimentell gefunden.
Wie „von selbst" entwickelte sich das lyrische Ich beim Schreiben.

> **Sommer**
> Luftflimmern, Stille.
> Hitze steigt aus schwarzem Teer,
> Blicken auf das Dorf.

Ein Gegenstand, der einem Menschen etwas bedeutet, führt in einen Text

- ☞ Erfahren, dass Äußeres Inneres an sich binden und auslösen kann.
- ☞ Jeder bringt einen Gegenstand verdeckt (in Tuch eingebunden, Tüte) mit, der ihm etwas bedeutet.
- ☞ Partner suchen; dieser fühlt, betastet, riecht den Gegenstand; teilt dem anderen Eindrücke, Gefühle mit.
- ☞ Dann erzählt der „Besitzer" die Bedeutung des Gegenstandes – Rollenwechsel.
- ☞ Abschließend schenkt jeder dem anderen zu seinem Gegenstand einen Satz. Jeder schreibt einen Text, in dem der Satz vorkommt.
- ☞ Darauf aufbauend ließen sich Stufengedichte oder Haikus entwickeln.

Fotoapparat – bewusstes Wahrnehmen

Die Fotografie zwingt wie kaum ein anderes Medium zur Konzentration. Während der Film in vielen Bildern erklären und erzählen kann, muss das Foto auf das Wesentliche hinweisen. So hilft fotografisches Sehen, Gesehenes bewusster wahrzunehmen.

Viele Gedichte beinhalten ein Bild oder ließen sich in verschiedenen Bildern malend wiedergeben. Diese Komposition wird nachempfunden:

- ☞ Die Schüler/innen bilden Zweiergruppen. Der Fotograf führt seinen Partner mit verbundenen Augen. Er wählt drei Bilder aus. Ist der Geführte (Fotoapparat) an der Stelle, richtet der Fotograf den Kopf aus und sagt wo das Bild ist (Entfernung). Durch ein Tippen auf die Schulter öffnet der Geführte für drei Sekunden die Augen und nimmt das Bild in sich auf.
- ☞ Anschließend Rollentausch.
- ☞ Eines der drei Bilder wird ausgewählt und mit Worten skizziert: linke Seite des Blattes.
- ☞ Auf der rechten Seite werden Eindrücke, Gedanken, Gefühle, ev. eine Geschichte, die das Bild auslöste, ergänzt.

Diese praktische Übung kann von erfahrenen Schüler auch innerlich auf die Vorstellung übertragen werden. Damit lassen sich gut Erinnerungen auslösen. So fällt es leichter „über einen Jahrmarkt zu gehen", sich an „Eindrücke von einem Konzert" zu erinnern, sich in „einen Flug über Frühlingsfelder" u.a. hineinzuversetzen.

Bilder einfangen

Viele Maler und Fotografen suchen interessante Kompositionen, indem sie mit den Händen ein Rechteck bilden und dies vor die Augen halten. Alternativ lassen Sie in postkartengroße schwarze Kartons mittig eine Rechteck von 24mm auf 36mm schneiden.
Durch Variieren der Haltung und der Entfernung der Finger/des Kartons (Zoomen) werden Bildausschnitte und Perspektiven erzeugt. Weisen Sie auf die Möglichkeit des Hoch- und Querformats hin! Dieses Vorgehen wenden wir an, wenn wir Bilder als Vorarbeit fürs Schreiben mit unseren Sinnen „aufnehmen":

SCHREIBHILFEN I

Ich benutze es auch als „Trockenübung" beim Fotografieren. Dabei kann natürlich gut die Kamera – ohne Film – verwendet werden.
Auf einem A3-Papier (Querformat) werden drei Spalten angelegt:

Gesehenes	Assoziieren/Gedanken	Text

Ein interessanter Ort wird aufgesucht; während 10 Minuten (bei Jahrmarkt, Wochenmarkt o.ä. auch länger) werden **alle Sinneseindrücke** notiert (erste Spalte).
In die zweite Spalte werden Gedanken und Gefühle, die sich während des „Fotografierens" einstellten, festgehalten.

3 bis 5 der „Bilder" werden ausgewählt. Diese bilden die Grundlage für die Strophen eines Gedichts.
Der Erstentwurf wird in der dritten Spalte angefertigt.

Bilder als Gestaltungseinstieg

Bei unseren Haiku-Beispielen haben wir bereits auf den Einsatz von Bildern und Fotos hingewiesen.
Sammeln Sie mit Ihren Schülern Bilder aus Kalendern, Bildbänden mit Landschaften oder Menschen.
Gut geeignet sind Bilder, auf denen Menschen in verschiedenen Situationen und Lebensstufen dargestellt sind. Sie bieten Anlässe, dass sich der Betrachter in Gedanken und Gefühle der Abgebildeten hineinversetzen kann. Was denkt, überlegt er/sie gerade, was stellt er/sie sich vor?
Zur Verdeutlichung des Bildhaften in der Lyrik kann ein Gedicht in einem Bild wiedergegeben werden. Das Gedicht erzeugt im Leser/Hörer ein Bild oder eine Reihe von Bildern. Diese Bilder tragen auch in ihrer Stimmung, in ihren Farben die Thematik.
Ein Trakl-Gedicht als Beispiel:

Im Winter   Georg Trakl
Der Acker leuchtet weiß und kalt.
Der Himmel ist einsam und ungeheuer.
Dohlen kreisen über dem Weiher
Und Jäger steigen nieder vom Wald.

Ein Schweigen in schwarzen Wipfeln wohnt.
Ein Feuerschein huscht aus den Hütten.
Bisweilen schellt sehr fern ein Schlitten
Und langsam steigt der graue Mond.

Ein Wild verblutet sanft am Rain.
Und Raben plätschern in blutigen Gossen.
Das Rohr bebt gelb und aufgeschossen.
Frost, Rauch, ein Schritt im leeren Hain.

W. Killy, H. Szklenar (Hrsg.), Georg Trakl, Dichtungen und Briefe. Band 1. Otto Müller Verlag, Salzburg 1969.

⇨ Der Lehrer liest das Gedicht vor, zunächst zeichnen die Schüler ein Bild, das den Inhalt des Gedichtes wiedergibt (Wasserfarben, Aquarellfarben).
⇨ Diese Bilder besprechen sie im kleinen Kreis untereinander. Der Text zwingt zu kalten Farben, sein Rhythmus gibt die Leere und Kälte wieder, die sich im Bild wiederfinden lassen.
⇨ Die Wortwahl, der Klang und die Wirkung der Wörter werden analysiert.
⇨ Nun wird der Text lautmalend erlesen.

Zu Bildern Gedichte verfassen

In vielen Gedichten gibt das Lyrische Ich Empfindungen und Einstellungen zu Erlebtem und Erfahrenem wieder.
Diese Schreibhaltung kann durch die Vorgabe von Fotos unterstützt werden:
Legen Sie in einem Kreis unterschiedliche Bilder aus. Diese können farbig oder schwarz-weiß sein.
Ideale Fundquellen sind Kalender oder Zeitschriften (Landschaften, Stimmungsbilder, Menschen in unterschiedlichen Lebenssituationen ...).

Jeder Schüler soll sich ein Foto aussuchen, das ihn anspricht oder an etwas Erlebtes erinnert.
Zu diesem Bild soll ein Gedicht verfasst werden.
Jeder sucht sich einen ihm angenehmen Schreibplatz und betrachtet das Bild intensiv.
Nun werden die Augen für etwa eine Minute geschlossen.
Über ein Cluster oder das „Sieben Minuten schreiben" beginnt das eigene Schreiben.
Ein Schülertext zu diesem Bild:

SCHREIBHILFEN I

Mein Geheimnis

Ich stehe auf einem Berg
Um mich herum liegt der letzte Schnee.
Ich fasse ihn an,
mit bloßen Händen.
Ein Zucken in mir.

In der Ferne eine unweite Landschaft,
die durch eine hautdünne Decke
Nebel umhüllt wird.

Ein Sonnenaufgang,
wie der Himmel rot wird,
wie sich die weite Landschaft
in Rot verwandelt.

Hier auf diesem Berg ist es sehr einsam.
Fast nie kommt hier ein Mensch vorbei.
Deshalb lieb' ich ihn so.

Dies ist mein Lieblingsplatz
Hier kann man so schön nachdenken.
Niemand von meinen Freunden
Weiß diesen Platz.
Es ist mein großes Geheimnis.

Stefanie

Meditative Einstimmung durch Musik

Musik hat wie poetische Texte auch eine Struktur und Dramaturgie. Sanfte und ruhige Passagen (Sequenzen) wechseln sich ab mit bewegteren und unruhigeren „Handlungen".
Smetanas „Moldau", Mussorgskys „Bilder einer Ausstellung" oder „Peter und der Wolf" sind sicherlich bekannte Beispiele aus der Musik. Während in der Lyrik sorgsam gewählte Wörter und Bilder unsere Wahrnehmung lenken, entwickelt Musik eine Tonspur, der wir folgen.

Welche Musikstücke sind geeignet?
- Grundsätzlich ruhige, sinnliche Musik, die beim Zuhörer Bilder und Stimmungen auslösen kann.
- Heitere und lustige, die zum Zuhören verleitet.

Einige Beispiele, mit denen wir gute Erfahrungen machten:
Thema Winter
Glenn Miller Orchestra, Frosty, the snowman; Winter wonderland; Let it snow, let it snow, let it snow.
Mozart, Schlittenfahrt (Deutscher Tanz Nr. 3)

SCHREIBHILFEN I

Anleitungen:
- ☞ Du hörst nun Musik mit dem Thema Winter.
- ☞ Nehme eine Sitzhaltung ein, die dich entspannt.
- ☞ Höre die Musik mit geschlossenen Augen an.
- ☞ Lasse Bilder, Farben und Gerüche, die beim Hören entstehen, vorbeiziehen.
- ☞ Halte diese Eindrücke auf einem Blatt fest.
- ☞ Versuche den Musikstücken einen Titel zu geben.

Das Thema, etwa Winter, Frühling oder Fliegen werden vorgegeben, nicht jedoch die Musiktitel, um keine Voreinstellung zu erzeugen. Nun werden alle vier Musiktitel hintereinander abgespielt.

Stefanie hielt folgende Eindrücke fest:
Aus den Aufschrieben zum vierten Musiktitel verfasste Stefanie dann ihr Gedicht. Zuvor ergänzte sie ihre Musik-Assoziationen mit weiteren passenden Begriffen in einem Cluster.

Musikstück	Stimmung	Möglicher Titel
1	fröhlich, lustig, normales Tempo, drinnen warme Stube, Fest	Der lustige Schneemann
2	langsam, es schneit, beim Schlittenfahren draußen, es ist kalt, romantisch	Weiße Winterwelt
3	langsam, es schneit, lustige Kinder im Schnee, beim Schlittschuhfahren	Tanz im Winter
4	romantisch, Kutschfahrt, Schnee, es schneit	Kutschfahrt durch weiße Winterlandschaft

Tipp:
Die Schüler/innen, die das gleiche Musikstück für ihr Gedicht wählen, bilden eine Gruppe und hören die Musik noch einmal.
Weiteres Verfahren siehe Tipps in: **Gedichte überarbeiten**

Musik zum Thema Frühling

Eher traurig, melancholisch:
Grieg, Letzter Frühling
Schumann, Einsame Blumen, aus: Waldszenen

Besinnlich, das Erwachen der Natur nachspürend:
Schumann, Romanze Fis-Dur op. 28 Nr. 2
Mendelssohn, Frühlingslied
Mozart, Romanze, aus: Hornkonzert Es-Dur KV 495

Heiter, ausgelassen:
Gluck, Reigen seliger Geister
Schumann, Frühlingssymphonie (3. Satz Scherzo)
Vivaldi, Der Frühling, aus: Die Vier Jahreszeiten

Aus jeder der Gruppen spielten wir einen Titel allen Schüler vor.

Veröffentlichen

Grundsätzlich ist das Schreiben ein sehr intimer Vorgang. Eine Pflicht zum Vorlesen, zum Vortragen, zum Veröffentlichen gibt es daher nicht.

Viele Kinder und Jugendliche verlieren ihr Bedürfnis sich auszudrücken, wenn ihr Schreiben untersucht und bewertet wird. In der Folge kann es sein, dass sie sich zurücknehmen.

Eine entspannte Atmosphäre mit einer Schreibecke, einem gemütlichen Schreibraum, verbunden mit dem freiwilligen Austausch mit Klassenkameraden bringt Entspannung und auch die Bereitschaft, Verfasstes mit anderen auszutauschen. Dabei werden Erfahrungen gesammelt, Tipps gegeben, es entwickelt sich eine kleine Schreibwerkstatt.

In der Freiarbeit oder im Wochenplanunterricht lassen sich auch in weiterführenden Schulen Freiräume dafür schaffen.

Stellen Sie Möglichkeiten der Überarbeitung vor:

- Drei Partner oder Parterninnen verfassen jeweils zu einem Vers der anderen Gedichte Variationen. Diese werden ausprobiert. Diejenige, die die breiteste Zustimmung erfährt, wird ausgewählt. So findet ein „Autorengespräch" statt. Der Beratene kann frei entscheiden, ob er der Variation zustimmt. Dabei bringt er seine Überlegungen zum Ausdruck und bekommt Rückmeldung, ob seine Wörter seinen Gedanken und Absichten entsprechen.

- Viele der jungen Autoren stellen gerne ihre Gedichte und Erzählungen vor. Eine kleine Ausstellung in der Klasse oder in einer kleinen Schulausstellung bringt zusätzliche Motivation.

- Kleine Lesungen untereinander oder vor Gästen aus anderen Klassen fördern eine Schreibkultur und regen die Hörer zu eigenem Schreiben an.

- Eine Schreibwerkstatt in zwei siebten Klassen fand ihren Abschluss in einer Ausstellung der Texte, verbunden mit kurzen Lesungen der Autoren. Die Besinnung und Ruhe, mit der zugehört und nachgefragt wurde zeigte, dass emotionale wie kreative Gedanken über das Schreiben hinaus ausgelöst wurden.
(siehe Fotos)

- Ein Lyrik- oder Geschichtenheft, mit passendem Layout und gestaltet im Kunstunterricht. Ein wunderbares Projekt, an dem sich Deutsch, Kunst, Religion und und ... beteiligen können.

Autorentage – ein Schülerprojekt

In einem kleinen Klassen übergreifenden Projekt ließen wir drei siebte Klassen Gedichte und Erzählungen schreiben. Nach einem gemeinsamen Frühstück konnte sich jeder in ein Klassenzimmer seiner Wahl zurückziehen. In einem lagen verschiedene Schreibanregungen (Bilder, Texte, Musiktitel u.a. Anregungen zum Schreiben) aus. Im zweiten, dem „Ruhezimmer" wurde geschrieben, dazu konnte leise Musik gehört werden. Im dritten, dem „Autorenzimmer" standen PCs und Gestaltungsmaterial zur Verfügung. In diesem fanden die „Probelesungen" statt, besprachen die Schüler/innen untereinander ihre Texte. Ergänzend setzten einige ihre Texte in Musik um. Der Musiklehrer stellte dazu Instrumente und Hilfen zur Verfügung, half bei den Proben.
Den Abschluss bildeten (am zweiten Tag) Autorenlesungen, Ausstellung und Vorführung der Ergebnisse.

Lyrische Sprache und Sinnlichkeit

Goethe verwendet in einem bekannten Gedicht über das Verstehen von Gedichten die Metapher „Gedichte sind gemalte Fensterscheiben":

Johann Wolfgang Goethe

Gedichte sind gemalte Fensterscheiben!
Sieht man vom Markt in die Kirche hinein,
Da ist alles dunkel und düster;
Und so sieht's auch der Herr Philister:
Der mag denn wohl verdrießlich sein
Und lebenslang verdrießlich bleiben.

Kommt aber nur einmal herein!
Begrüßt die heilige Kapelle;
Da ist's auf einmal farbig helle,
Geschicht' und Zierat glänzt in Schnelle,
Bedeutend wirkt ein edler Schein;
Dies wird euch Kindern Gottes taugen,
Erbaut euch und ergetzt die Augen!

Goethes didaktisches Anliegen: Wer Gedichte verstehen will, muss sich ihnen von innen aussetzen, muss in die Gedichte eintreten, ihre bildhaften und sprachlichen Gestaltungsmittel auf sich wirken lassen.
Sarah Kirsch äußert sich über ihr lyrisches Arbeiten ähnlich: Gedichte schreiben heißt "Bilder malen mit Worten".

Das *Bemalen* von **Fensterscheiben** - die *Verwendung sinnlicher Sprache* – **Reflektieren** des lyrischen Ichs, Wahrnehmen von Erscheinungen, Wiedergabe von inneren Vorgängen und Einsichten in unserer immer komplexer werdenden Welt. Im Vorgang des Schreibens vollziehen sich diese Prozesse von selbst.

Sprache ist an sich sinnlich. Wenn wir eine Uhr beschreiben, beschreiben wir sie in verschiedenen Wahrnehmungsebenen. Dennoch fallen Beschreibungen zu Uhren gerne sehr oberflächlich aus. Oft werden nur aufdringliche, dominante Merkmale wiedergegeben.

Machen Sie mit ihren Schülern einen einfachen Versuch:
⇨ Eine Gruppe bekommt drei Uhren in die Mitte gelegt, die Schüler beschreiben die Uhren, ohne sie anzufassen.
⇨ Eine zweite Gruppe bekommt die gleichen Uhren und die Augen verbunden. Die Uhren gehen im Sitzkreis herum, jeder/jede darf sie befühlen, ans Ohr halten, an ihr riechen.
⇨ Die Beschreibung dieser Gruppe fällt intensiver, sensibler aus.

Warum?
Durch das Nichtsehen besinnen sich die Schüler auch auf Wörter jenseits des „Sehens". Auch auf jene, die von den Sinneswahrnehmungen Hören, Fühlen, Riechen herstammen.
Im Alltagssprachgebrauch gehen diese – auch durch die Dominanz des Sehens – vielfach verloren.

- Dass eine Uhr rund, oval, groß, goldfarben ist, können wir sehen; oft begnügen wir uns jedoch mit oberflächlicher Wiedergabe. Durch das Fühlen stellt sich die **Differenzierung** wieder ein.
- Dass die Uhr ein hohes Gehäuse hat, kantig oder glatt, schwer und wuchtig oder leicht ist, **spüren** wir beim Ertasten vor allem.
- Ein leises Ticken können wir nur **hören**.
- Ein gezacktes Zeitrad, einen zweiten Ring um das Glas herum nehmen wir durch das **Fühlen** viel leichter wahr.

Durch sensible Wahrnehmung zu einem Gedicht gelangen

Eine siebte Klasse führten wir zu eigenen Gedichten, indem die Sensibilität der Schüler/innen für ihre alltägliche Umwelt geweckt wurde. Sie sollten eintreten in das Innere, sie sollten durch eine sinnliche Sprache tiefer wahrnehmen und wiedergeben.

An einem schönen Frühlingsmorgen erhielten die Schüler die Aufgabe, sich auf dem Schulgelände und bei einem nahe gelegenen Weiher zu verteilen. Keiner sollte mit einem anderen sprechen und jeder musste seine Wahrnehmungen festhalten.

Vorab hielten wir die verschiedenen Sinnesbereiche als Skizze fest:

    HÖREN
    SEHEN
    RIECHEN
    SCHMECKEN
    TASTEN

Diese ergänzten wir durch die Gruppe GEFÜHL (ausgelöst durch die Sinneseindrücke)
Ein vorbereitetes A4-Blatt teilten wir in zwei Spalten:

    HÖREN   Empfindungen/Gefühl
    SEHEN
    RIECHEN
    SCHMECKEN
    TASTEN

Jeder suchte sich eine bequeme Sitz- oder Liegeposition und nahm wahr, was sich um ihn ereignete. Diese Wahrnehmungen wurden vor Ort auf einem Blatt Papier in Stichwörtern festgehalten. Nicht in Sätzen, allenfalls in Kurzsätzen.
Die Fotos zeigen, wie die Schüler die Aufgabe angingen. Ein Junge lehnte an einem Baum, dann fühlte er dessen Rinde, strich mit seinen Händen über ihn. Ein Mädchen zerrieb Erde zwischen den Fingern, fühlte diese und roch an ihr. Einige schlossen die Augen und hörten intensiv auf ihre Umgebung. Nach 10 Min. kehrten alle mit ihren Notizen ins Klassenzimmer zurück.

Beim Vorlesen der Wörter wurden sehr unterschiedliche Wahrnehmungen deutlich:
Während einige fast nur Sichtbares wiedergaben, äußerten andere auch Gehörtes, Gerochenes und Gefühltes.
Und: Eindrücke wie Ruhe, Frieden, Ungeduld, Leben wurden vorgetragen – die Sinneswahrnehmungen hatten innere Wahrnehmungen, Befindlichkeiten und Gefühle ausgelöst.
Anschließend untersuchten wir die Wörter nach ihrer „Zielrichtung":
Drückten sie eine eher friedliche, eine eher unruhige oder unzufriedene Stimmung aus?
Hatten sich während der Wahrnehmung „innere Bilder" eingestellt?

Einige Schüler/innen äußerten, dass ihre „Ausgangsstimmung" vom Morgen sich veränderte („besserte", ruhiger, gelassener wurde); andere erkannten, dass ihre Stimmung (und Missstimmung) sich in den festgehaltenen Wörtern teilweise, vor allem anfangs wiederfand.

Für das weitere Schreiben könnte so verfahren werden:
Die Schüler/innen verfassen freie Gedichte, eventuell auch in Haiku-Form oder anderen Formen.
Oder – sie verfassen Parallelgedichte.
Durch den Erfahrungsaustausch über die Einstimmung wurde bewusst, dass in den Gedichten eine innere Stimmung und Intention verdeutlicht werden muss. Diese muss sich im Gedicht in der Wortwahl artikulieren und in den Bildern ausdrücken.

Nach dem eigenen Schreiben erhielten die Schüler Gedichte von Arno Holz.
Ein Schülergedicht, das parallel zu Holz Gedicht „Mählich durchbrechende Sonne" geschrieben wurde:

> *Ich liege zwischen Blumen und trockenem*
> *Gras*
> *Entfernt sehe ich ein Dorf, wo wenig Betrieb*
> *herrscht*
> *Um mich herum fliegen Schmetterlinge*
> *Insekten krabbeln auf dem Boden*
> *Sogar eine Ameisenstraße läuft über meinen*
> *Fuß*
>
> *Ich höre entferntes Muhen aus dem Dorf,*
> *wie ein Flugzeug oben am Himmel seine*
> *Runden dreht*
> *Zwitschern der Vögel und Rattern der Traktoren, die*
> *Das saftige grüne Gras mähen.*
>
> *Ich fühle ein Gefühl in mir von*
> *Freiheit, Geborgenheit, Selbstvertrauen,*
> *und alles das, was mir Freude bereitet.*
>
> *Ich rieche den Duft der Blüten, die gerade frisch*
> *Aufgegangen sind*
> *Der Duft der Erde, die durch den Morgentau*
> *Feucht geworden ist*
> *Alles in allem ein schöner*
> *Frühlingstag.*

ARNO HOLZ

Mählich durchbrechende Sonne

Schönes, grünes, weiches Gras.
Drin liege ich.
Mitten zwischen Butterblumen!

Über mir,

warm,
der Himmel:
ein weites, zitterndes Weiß,
das mir die Augen langsam, ganz langsam
schließt.

Wehende Luft, . . . ein zartes Summen.

Nun bin ich fern
von jeder Welt,
ein sanftes Rot erfüllt mich ganz,
und deutlich spür ich,
wie die Sonne mir durchs Blut rinnt -
minutenlang.

Versunken alles. Nur noch ich.

Selig.

aus: Arno Holz, Werke,
hrsg. von W. Emrich u. Anita Holz,
Bd. 1, Neuwied, Berlin 1961

> Holz' Gedicht verdeutlicht sehr schön den inneren Prozess der Ruhefindung und des In-sich- Gehens, der von Gedichten ausgehen kann.

Zwei Schülergedichte, 7. Klasse. Die Gestaltungen zeigen, wie motiviert die Schüler/innen ihre sinnlichen Erfahrungen umsetzen.

Mein Gedicht

Ich sitze auf einem Steg,
um mich herum
welke Blätter, Erde, Steine, Büsche, Sträucher, Bäume
und........die Landschaft.

Gelbe, weiße und rote Punkte
länglich, braune
Tannzapfen.

Düfte von nassen Gräsern und welken Blättern
beruhigen mich.

Ich höre leises zwitschern
und...schnattern.

Bäume biegen sich leicht
im....Wind.

Die Sonne und Wolken am Himmel geben mir Gefühle
von...Freiheit.

Ich möchte gehen und sehe aus den Augenwinkeln
tanzende Blätter im Wind
und das plätschernde Wasser
am Teich.

Der Frühling!

Mitten in einem gelben Teppich
liege ich.
Zwittschernde Vögel am Wolkenlosen
Himmel,
wehender Wind, warme Luft und die strahlende
Sonne.
Ein Gefühl von Freiheit, Harmonie und
Zufriedenheit geht in mir auf.

Ich sehe allein stehende Häuser, vom Tau bedeckte
Steine, verdürrte Gräser.
Das laufen eines Rasenmähers und gedämpfte
Stimmen dringen an mein Ohr.
Alles beginnt zu leben.

Da flinke Ameisen, kleine Käfer, quakende Frösche
und das schimmern der Bäume im leuchtendem
grün erfüllt die Landschaft.

Der würzige Duft von Gräsern und Blumen,
geht in mir auf.
Alles ist übersät vom gelben Blütenstaub.

Ich fühle wie der kalte Boden unter mir erwacht.
Nun ist es bald zu Ende
und doch immer da.

Sprache und Sinnlichkeit

Zur Vorbereitung auf das Verfassen von Herbstgedichten ließen wir unsere Schüler durch den Schulort wandern. Sie sollten dabei ihre Wahrnehmungen zu einem vorgegebenen Sinnescluster (*man hört, man sieht* ....) eintragen. Der Weg führte durch den Ort, einen Waldweg zu einer Kapelle auf einem Berg hinauf.
Unterwegs wurden Ruhepausen eingelegt, in denen die Schüler Wahrgenommenes notierten. Über ihre Wahrnehmungen tauschten sich kleine Schülergruppen aus.

(handschriftliches Cluster einer Schülerin:)

- **man riecht**: Holz, den Geschmack, der Herbstblätter, Kamin
- **man hört**: leere Vogelnester, verblühte Pflanzen, das Rascheln der Blätter, wenig Vogelgezwitscher
- **man sieht**: Tiere die sich auf den Winter vorbereiten, lebendige Tiere, tote Tiere, Pilze, dunklere Blumen, vermoderte Blätter, entlaubte Bäume, tote Blätter auf dem Boden, Kastanien, bunte Blätter, neu angepflanzte Gärten, mehr Gestecke auf dem Friedhof, späte Früchte, Torf
- **man denkt**: es ist ruhiger, die Leere der Landschaft
- **man fühlt**: es ist kalt, feuchte Luft

Evi, 7. Klasse

In die Schule zurückgekehrt, wurden die Aufschriebe vervollständigt.

Als Schreibtipps wurden gegeben:
Ordne deine unterschiedlichen Wahrnehmungen in Strophen

⇨ nach aufgesuchten Plätzen
⇨ Nach den Sinnen oder reihe deine Eindrücke, so wie du sie nach und nach erfahren hast.
⇨ Versuche die innere Entwicklung zum Ausdruck zu bringen.

Gedichte überarbeiten – Gedichte verdichten

Das Verfassen von Gedichten muss durch Hilfestellungen begleitet und schrittweise vertieft werden. Die folgenden Beispiele zeigen einige Möglichkeiten auf.

Ein Gedicht zum Thema Jahrmarkt entwickeln

Durch Fotos können Erinnerungen ausgelöst oder Assoziationen geweckt werden. Eine passende Musik dazu verstärkt die Impulse.
Am Beispiel „Jahrmarktgedicht" können Möglichkeiten der Bildersprache, der Metaphorik sowie des Rhythmus entwickelt werden.

Die Einstimmung ist auch durch ein Foto möglich. Dieses wird ca. 3-4 Minuten projiziert.
Die Schüler/innen schließen die Augen und versuchen in Gedanken über einen Jahrmarkt zu schlendern. Mögliche weitere Impulse:

> ⇨ Erinnere Dich an ein Erlebnis auf einem Jahrmarkt ...
> ⇨ Schlendere über einen Jahrmarkt; es wird langsam dunkel ...
> ⇨ Steige in eine Kettenkarussell und schwebe mit ihm durch die Luft ...
> ⇨ Stelle Dir den Jahrmarkt vor, während Du durch die Luft schwebst ...
> ⇨ Stelle Dir verschiedene Attraktionen vor ...
> ⇨ Beobachte mit allen Sinnen die Menschen ...

Während und danach halten die Schüler Assoziationen und reale Bilder in Clusterform fest.

Hinweis, während der Vorstellungsphase drei oder vier Stationen (Kettenkarussell, Frittenbude, Schießstand, Fahrbetrieb ...) zu durchwandern; gezielt Menschen zu „beobachten"; ergänzend könnten Bilder dazu projiziert oder ausgestellt werden.

Zur Unterstützung und als Aufforderung zu allen Sinneswahrnehmungen Eindrücke festzuhalten, kann eine Sinnesraute vorgegeben werden:

> **Auf Seite 91 (letzte Innenseite) finden Sie als Anhang ein Arbeitsblatt mit einer Sinnesraute, das in verschiedenen Situationen einsetzbar ist.**

Reimen als Hilfe?

Diese Frage lässt sich nicht grundsätzlich mit Ja beantworten. Es gibt Schreiber, die durch den Reim ins Gedicht hineinfinden. Andere verlieren durch die Suche nach dem Reimwort den inhaltlichen Faden (ihre Assoziationen reißen ab!) – oder reimen um des Reimes willen.

Das folgende Gedicht wurde nach einem Reimmuster (Paarreim) verfasst.
Es zeigt, dass die Verfasserin verschiedene Sinnesbereiche „wandernd" erfasste, jedoch ins Erzählen „rutschte". Dies hat das Gestalten von Stimmungen behindert.

Jahrmarkt

Endlich ist es wieder soweit,
es ist Jahrmarktzeit.
Ein süßer Duft
liegt überall in der Luft.

Sogar am Abend ist es hier taghell
Und die Karusselle drehen sich blitzschnell.
Laut dröhnt die Musik
Und atemberaubend ist vom Riesenrad der Blick.

Auf dem Jahrmarkt kann man Fotos schießen
Und die Stimmung hier genießen.
Die Lichter am Kettenkarussell
Leuchten in bunten Farben ganz hell.

Melanie, 8. Klasse

Umstellprobe, Reihenfolge verändern

Den Schülern bekannte Verfahren sind die Umstell- und Ersatzprobe. Diese wenden wir auch hier an:

Zu Strophe 1: Zuerst die Sinneswahrnehmung wiedergeben, dann die Feststellung: Die Aussage wird deutlicher.

Ein süßer Duft
Liegt überall in der Luft
Endlich ist es wieder soweit,
es ist Jahrmarktzeit.

Verdichten durch Auslassen und Kürzen (Zusammenziehen)
Sogar am Abend ist es hier taghell

wird zu:

Tagheller Abend

oder:

Taghell am Abend

oder:

Abend taghell

SCHREIBHILFEN II

Der Vers
   Liegt überall in der Luft

Könnte zusammengezogen werden zu:
   erfüllt die Luft

Verkürzungen – Füllwörter streichen

Die zweite Strophe in ihrer Ursprungsfassung:

   Sogar am Abend ist es hier taghell
   Und die Karusselle drehen sich blitzschnell.
   Laut dröhnt die Musik
   Und atemberaubend ist vom Riesenrad der Blick.

Durch Verkürzen entsteht:
   Abend taghell
   ~~Und die~~ Karusselle drehen sich blitzschnell.
   Laut dröhnt ~~die~~ Musik
   ~~Und~~ atemberaubend ~~ist~~ vom Riesenrad der Blick.

Das Gedicht hat wesentlich an Rhythmus gewonnen! Der Autor gewinnt Einblicke in die rhythmische Komposition von Lyrik.

Ein anderes Beispiel, ein Wintergedicht einer Schülerin

Die nächtliche Schlittenfahrt

Die nächtliche Schlittenfahrt
Ist eine der schönsten Art
Das Stapfen der zwei Pferde
Durch die schneebedeckte Erde.

Das Schellen der Glocken
Ist romantisch mit den tanzenden Flocken.

Durch den weißen Wald
Ist es so kalt.

Der Duft der Bäume
Versetzt uns in Träume.

Stefanie, 8. Klasse

In einer Gruppenkorrektur überarbeiteten jeweils drei Schüler/innen ihre Texte gemeinsam. Nach dem gemeinsamen Überarbeiten eines Gedichtes zur Veranschaulichung im Plenum kürzten sie das Gedicht von Stefanie.
Die Gruppe markierte zudem Passagen, die noch lyrischer, bildhafter zu gestalten wären. Stefanie schrieb dann einige davon um bzw. neu. Siehe rechte Reihe neben der Ursprungstextstelle.

~~Die~~ nächtliche Schlittenfahrt

~~Die~~ nächtliche Schlittenfahrt
Ist eine der schönsten Art
~~Das~~ Stapfen ~~der~~ zwei Pferde   zweier Pferde
Durch ~~die~~ schneebedeckte Erde.

Das Schellen der Glocken   Glockenschellen
~~Ist romantisch~~ mit den tanzenden Flocken.   Zu tanzenden Flocken

Durch den weißen Wald
Ist es so kalt.

~~Der~~ Duft der Bäume   duftende Bäume
Versetzt ~~uns~~ in Träume.

Lyrische Ersatzproben

In einer Ethik-Gruppe wurden Gedichte zu Weihnachten verfasst.
Eines begann so:

Weihnachten

Hell leuchtende Schaufenster
Leuchtende Kinderaugen
Freude

Die erste Strophe wurde variiert:

Weihnachten

Hell leuchtende Schaufenster
Strahlende
~~Leuchtende~~ Kinderaugen
~~Wünschende~~
Freude
Erwartung

Auch in der zweiten Strophe wurden alternative Adjektive und Nomen ausprobiert:

Hell klingende Registrierkassen
~~Leuchtende~~ Verkäuferinnen
Flatternde Geldnoten

~~Umsatz~~
~~Gewinn~~
Erwartung

Vergleiche, Bilder und Metaphern

Gleichsetzungen, Vergleiche und schließlich Bilder und Metaphern sind wesentliche Elemente der Lyrik. Die Metapher, zumal die kühne, ist die höchste poetische Verdichtung durch Sprache. Durch die Übertragung eines Begriffs in einen anderen fremden Zusammenhang wird die vertraute, erwartete Zuordnung bewusst aufgelöst. Diese Verkürzung des Vergleichs (das Vergleichswort fehlt) löst bildhafte und kreative Prozesse aus.

So zielt die Metapher nicht auf die Vernunft (linke Hirnhälfte), sie zielt auf Bilder und ganzheitliche Vorstellungen (rechte Hirnhälfte), die sie wecken, anregen möchte.

Bereiche werden nebeneinander gestellt, miteinander verbunden, verknüpft, die scheinbar keinen Zusammenhang haben.

Gerade diese Irritation der Logik, das Zögern der Vernunft löst ein Nachdenken aus. Genauer formuliert: Die Neugier löst Assoziationen aus, in Bilder-Vorstellungen wird der Zusammenhang, das „Vergleichswort" gesucht:

An Schülerbeispielen wird die Funktionsweise einer Metapher erklärt.

Im Vers
> Sogar am Abend ist es hier taghell

ist in der Wortzusammenziehung taghell der Vergleich noch erkennbar: hell wie am Tag

Sarah schrieb in ihrem romantischen Wintergedicht

> Es ist fast wie im Wunderland
> Wie sich vor ihnen das Land ausstreckt
> Wie der Schnee die weite Landschaft bedeckt
> Fast wie am Meer der Sand

Der Vergleich der Winterlandschaft mit dem Meeressand wird im letzten Vers wieder aufgenommen:

> Zurück bleibt nur noch ihre Spur

Beim Überarbeiten des Verses
> Laut dröhnt die Musik

wurde vorgeschlagen
> Laut wie auf einem Konzert dröhnt die Musik

Dieser Vergleich könnte in einer Metapher aufgehen:
> (Ein) dröhnendes Konzert von Lautsprechern

Das Metaphernspiel

Das Bilden von Metaphern ist eigentlich nicht schwer. Aber auch hier hilft logisches Überlegen wenig.

Ein einfaches Spiel erzeugt automatisch Metaphern und verhilft zu Einsichten in die Funktionalität von Metaphern.

Farben (Adjektive) und Bewegungen (Verben) sowie Nomen aus den Wahrnehmungen zum Jahrmarkt werden auf Streifen (Karton) gesammelt:

    rot   Nacht
    grell   Karussell
    bunt   Frittenbude
    braun   Lautsprecher
    rasen   Mädchen
    fliegen   Kinder
    flattern   Augen
    kreischen Schießbude
    laut   Zuckerwatte
    dröhnen   Liebespaar
    flackern Mond
    stürzen   Schaukel

Diese werden mit Nomen miteinander in Verbindung gebracht. Dies kann bewusst experimentell oder durch Ziehen geschehen! Mögliche Zuordnungen:

    braune Nacht
    flatternde Mädchen
    kreischende Frittenbuden
    rasende Liebespaare
    bunte Kinder
    stürzende Schießbude

Die gefundenen Verbindungen werden auf interessante Übertragungen (Metaphern) hin überprüft.

„Kreischende Frittenbuden" erscheint auf den ersten Blick als eine nicht gelungene Übertragung. Oder vielleicht doch? „Kreischen" ist unüberhörbar, es ist aufdringlich – der Geruch von Frittenbuden auch: das Aufdringliche, das einen unserer Sinne auf sich Lenkende ist das Verbindende, das „tertium comparationis". Zugleich ist kreischend aus dem Sinnesbereich „Jahrmarkt" entnommen – übertragen.

So wäre ein Vers spielerisch gefunden:

    kreischender Geruch der Frittenbuden.

Ein anderer könnte lauten:

    Stürzende Liebespaare

Welche Bilder werden in Ihnen ausgelöst?

SCHREIBHILFEN II

Wortkompositionen und Wortschöpfungen

Viele Metaphern erhalten ihre Aussagekraft durch das Zusammenziehen verschiedener Wortarten und Wortbereiche.
Die Verbindung des Nomen
Krähen mit dem Adjektiv *dicht* ergibt *krähendicht*.
Scheinbar nicht passend? Und dennoch löst es ein Bild aus, das eines Schwarmes von Krähen auf oder über einem Feld ....

Gemeinsam Metaphern zum Thema FLIEGEN erproben

Zwei Schüler/innen finden durch Zuordnen zu einem feststehenden Schüsselwort, z.B. Jahrmarkt, Träumen, in unserem Fall –*fliegen* ...., mögliche Wörter verschiedener Wortarten. Auch hier gilt: Je vielsinniger die gefundenen Wörter sind, desto interessantere Wortschöpfungen können entstehen.
Dieses Spiel erfolgt analog dem oben beschriebenen.

⇨ Die Wörter werden auf kleine Zettel oder Kartonstreifen geschrieben und nach den Wortarten sortiert. So erhält jeder einen Topf von Nomen, einen mit Adjektiven, einen mit Verben.

⇨ Durch gegenseitiges Ziehen aus den Töpfen unterschiedlicher Wortarten werden Wortpaare oder Dreiergruppen gebildet und nebeneinander auf den Tisch gelegt. Alternativ wird versucht, gefundene Wortpaare zu einem zusammenzuziehen.

⇨ So können auch interessante und ausdrucksstarke Synästhesien (Zugleichempfinden) gefunden werden:

Die Töpfe zu FLIEGEN

Nomen	Verben	Adjektive
Wolken	rasen	golden
Vogel	hören	frei
Traum	staunen	rosa
Freiheit	segeln	blau
Düsenstrahl	atmen	schwindlig

Mögliche Ergebnisse:

Wortzusammensetzungen:
Traumgold, Wolkenblau, Traumschwindel,
Wortverbindungen: blaue Freiheit, goldener Vogel, schwindlige Wolken, rosa hören, blaues Staunen atmende Freiheit

Mögliche Dreiergruppen:

Wolken	staunen	rosa
Traum	segeln	blau

Daraus können Bilder gefunden werden:

Rosa	Wolken	staunen
Blauer	Traum	segelt

In einem zweiten Durchgang werden auch zwei Wörter aus einem Topf gezogen:

| Wolken | Traum | ergibt *Traumwolken* |
| Vogel | Freiheit | ergibt *Vogelfreiheit* |

Spielerisch entstehen Aussagen, die auf Chiffrierungen untersucht werden können.

„Zurückschreiben" von Metaphern

Wählen Sie einige Gedichte mit Vergleichen und Metaphern aus.
Diese werden herausgeschrieben und anschließend „zurückgeschrieben", so dass ihr ursprünglicher Bildvergleich wieder erkennbar wird.

Metaphern-Beispiele von Rainer Maria Rilke

sehnsuchtgeweiht
Dunkelstunden
entgegenschweigend
heimgefallenen

Eduard Mörike – Er ist's:

blaues Band -	blauer Himmel, aus dem Liegen heraus gesehen
flattern -	Wind, leichte Wolken
süße, wohlbekannte Düfte -	Blumen, Wiesengras ...
Veilchen träumen schon -	Blumen, die bald blühen oder Pflanzen, die keimen werden
	auch: Gedanken, Gefühle, die entstehen
Harfenton -	Musik, Vogelstimmen; innere Stimmung

Lyrische Komposition

Einige Gedichte leiden darunter, dass Wahrnehmungen und Eindrücke willkürlich hintereinander erscheinen. Dies kann eine Folge des Clusterns sein.

Eine stärkere Ordnung ist leicht möglich:
○ Eindrücke/Erinnerungen aus verschiedenen „Stationen" und Bereichen (Zum Beispiel zu „Jahrmarkt": Imbissstand, Schießbude, Losbude, Liebespaar, Kinder in Karussell, Menschen in rasendem Gefährt ...) oder
aus den Sinnbereichen (hören, sehen, riechen, empfinden) werden festgehalten.
○ Jede Station (jeder Eindruck) wird in einer eigenen Strophe umgesetzt.
○ Dazu werden Metaphern gefunden.
○ Eine Empfindung (lyrisches Ich) bildet den letzten Vers einer Strophe oder wird in der letzten Strophe mitgeteilt.
○ Jede Metapher bildet den ersten oder mittleren oder letzten Vers einer Strophe.

So entsteht eine lyrische Komposition. Bei künftigen Versuchen kann der Schüler nun stärker Begriffe aus verschiedenen Sinnbereichen berücksichtigen. Er wählt aus seinem kreativen Erinnerungsfundus auch strukturierend aus.

Alexander Rajcsányi

Erlebnisreisen ins Land der Lyrik

Inhaltsverzeichnis

Werkeln mit den Dichtern - kreativer Umgang mit Gedichten	43
Verwürfelte Texte wiederherstellen	45
Texte entflechten	47
Vers- und Strophenform wiederherstellen	48
Lückentexte restaurieren	49
Auf Fragen von Gedichten antworten	50
Texte erweitern, fortsetzen bzw. zu Ende schreiben	50
Texte in Mundart oder eine andere Sprache übersetzen	51
Paralleltexte verfassen	52
Gegentexte verfassen	53
Mit Reim- oder Schlüsselwörtern eigene Texte verfassen	54
Mit eigenen Texten auf Gedichte reagieren	55
Ein Gedicht mit Farben unterlegen	55
Ein Bild oder mehrere Bilder zum Gedicht zeichnen	56
Eine Bild-/Textcollage zu einem Gedicht anfertigen	57
Eine Textaussage im darstellenden Spiel gestalten	57
Akustische bzw. musikalische Gestaltung einer Textaussage	58

Unterrichtsvorschläge:

Günter Kunert, Reisen	60
Erich Kästner, Der September	64
Gottfied Benn, Astern	69
Hilde Domin, Unaufhaltsam	74
James Krüss, Das Königreich von Nirgendwo	81
Alexander Rajcsányi, Wohlstandsgesellschaft	86

Werkeln mit den Dichtern - kreativer Umgang mit Gedichten

Seit einigen Jahren haben sich immer mehr Kolleginnen und Kollegen auf einen „handlungs- und produktionsorientierten Literaturunterricht" eingelassen, wie ihn Gerhard Haas 1984 beschrieben und in Beispielen dargestellt hat.[1] Inzwischen gibt es dazu schon etliche Publikationen[2], und parallel zu diesem Methodenkonzept hat sich eine weitere Richtung herauskristallisiert, die man als „kreatives Schreiben" bezeichnet[3]. Ende der 80er-, Anfang der 90er-Jahre ist eine neue Lesebuchgeneration auf den Markt gekommen, die Texte für einen handlungs- und produktionsorientierten Literaturunterricht aufbereitet hat[4], und inzwischen findet diese Art des kreativen Umgangs mit Texten auch Eingang in die Lehrpläne unserer Bundesländer. So heißt es beispielsweise in der einführenden Darstellung „Erziehungs- und Bildungsauftrag" zum Deutschunterricht, wie ihn der ab 1. August 1994 in Baden-Württemberg gültige Lehrplan vorsieht, dass „den Schülerinnen und Schülern die Freude am Umgang mit Texten vermittelt werden" und deren „methodische Kompetenz gefördert werden (soll), die sowohl aus der Beherrschung analytischer Mittel als auch aus der Fähigkeit besteht, kreativ auf einen Text zu reagieren."[5] Und in den Deutschplänen aller Klassenstufen taucht expressis verbis die Forderung nach „analytischen und produktiven Erschließungsmethoden" sowie nach einem „produktiven" bzw. „kreativen Umgang mit Texten" auf.[6]

Alle Kolleginnen und Kollegen, deren Bildungspläne einen solchen Textumgang noch nicht zwingend vorschreiben, kann ich nur einladen, es damit einmal zu probieren. Dieses literaturdidaktische Konzept ist wie ein Fahrschein für eine Entdeckungsreise, deren Etappen, Reisegeschwindigkeit und Ziel unsere Schüler mehr oder weniger selbst gestalten können. Im aktiven Tun kann jeder „Reiseteilnehmer" seine ganz persönlichen Erfahrungen machen mit Lyrik, von denen er selbst profitiert, die sich aber auch (getreu dem Motto: Wenn einer eine Reise tut, dann kann er was erzählen) den Mitschülern mitteilen lassen. Im übrigen werden dabei nicht nur die kognitiven Fähigkeiten der Schüler angesprochen, sondern ebenso ihr Gefühl, ihre Phantasie, ihre Motorik, ihre Lebenserfahrung: schlichtweg der ganze Mensch.

Die Doppelbezeichnung „handlungs- und produktionsorientiert" spricht die beiden grundlegenden Ebenen an, auf denen unsere Schüler aktiv mit Literatur umgehen können. „Mit dem Begriff *'handlungsorientiert'* ist ... der Aspekt des tausend Möglichkeiten einschließenden bildlich-illustrativen, musikalischen, darstellenden und spielenden Reagierens auf Texte bezeichnet. Der Begriff *produktionsorientiert* meint dagegen die stärker das kognitive Vermögen beanspruchende Erzeugung von neuen Texten."[7] Kreativität wird jedoch auf beiden Ebenen gefordert, und auch bei der Textproduktion werden Gefühle und Erfahrungen zum Ausdruck gebracht, ist der Phantasie ein Spielplatz gegeben.

Bei dieser Methodenkonzeption stehen zahlreiche Vorgehensweisen zur Verfügung, um in die Textarbeit einzusteigen, an und mit Texten zu arbeiten, ihre Inhalte in Musik, Spiel und eigenen Textproduktionen zu akzentuieren, neu zu gestalten oder zu variieren und eine Textarbeit sinnvoll abzuschließen. Die Vielfalt der Methoden ermöglicht einen sehr abwechslungsreichen Literaturunterricht und hält zudem für alle möglichen Arten von Texten oder auch für eine gewisse Schwerpunktbildung (z. B. gezielte Betrachtung des Reims, der Zeilensprünge, freier Rhythmen usw.) geeignete Zugangs- und Gestaltungsweisen bereit, wie bei der Beschreibung der einzelnen Methoden noch zu zeigen sein wird. Außerdem haftet den meisten dieser Methoden etwas Spielerisches an, und wo die Dinge spielerisch laufen, geht bekanntlich vieles leichter, weil man über den Spaß an der Sache motiviert ist und der Lern- oder Arbeitscharakter nicht so im Vordergrund steht. Vor allem ist diese Methodenkonzeption schon deswegen für unterrichtliche Zwecke geradezu ideal, weil die Schüler einerseits im praktischen Tun und damit im tiefsten Sinn des Wortes begreifen können, mit welchen Mitteln die Literatur arbeitet, wie diese Mittel wirken und warum das so ist. Wie das Kleinkind sein Spielzeug auseinandernimmt, um zu sehen, was da drin ist und wie das funktioniert, so können Schüler Texte sozusagen von innen her abtasten, verkosten, drehen und wenden und letztlich im eigenen Gestaltungsversuch begreifen. Nicht zuletzt eröffnen diese Methoden den Schülern Freiräume, in die sie mit ihrem Unbehagen, ihren Widersprüchen, Sorgen, Ängsten, Hoffnungen, Sehnsüchten und Wünschen, mit ihren persönlichen Lebenserfahrungen und Visionen, mit all ihrer Phantasie, ihrem Wissen und ihren Fertigkeiten eindringen können.

Die eigenen Gestaltungsversuche steigern auch das Selbstbewusstsein der Schüler. Sie können sich selbst darstellen, und wenn sich ihnen die Mitschüler als Zuhörer oder Zuschauer zuwenden, wenn sie erleben, dass ihre eigenen Texte, um den Autorentext gruppiert, im Klassenzimmer oder sonstwo im Schulhaus ausgestellt, hie und da in der Schülerzeitung oder am Ende des Schuljahres in einem klasseneigenen Buch abgedruckt werden, das die Text- und Bildproduktionen der Klasse versammelt und so zu einem (vielleicht in fächerverbindendem Arbeiten hergestellten) Erinnerungsbuch wird, dann steigert dies ganz gewiss das Selbstwertgefühl.

Schließlich erlösen diese Methoden die Schüler aus der Passivität und damit uns Lehrende aus dem unguten Gefühl, unser Unterrichtsangebot erreiche nur einen kleinen Teil der Klasse. Denn während sich Schüler aus dem analysierenden Klassengespräch jederzeit ausklinken können (eine passive Teilnahme lässt sich ja meist nicht eindeutig erkennen), sind beim handlungs- und produktionsorientierten Umgehen mit Literatur alle aktiv einbezogen, weil jeder nach einer gewissen Zeit ein Ergebnis vorweisen können sollte und nach meiner Erfahrung auch will.

Wie gut sich die Methoden des handlungs- und produktionsorientierten Literaturunterrichts gerade auch für den Umgang mit Lyrik in der Klasse eignen, wird bei der folgenden Darstellung einzelner Methoden deutlich werden. Dabei erhebe ich keineswegs einen Anspruch auf Vollständigkeit. Einige dieser Methoden eignen sich besonders für den Einstieg in die Textbehandlung, andere für die Auseinandersetzung mit einem unbehandelten oder bereits ganz oder teilweise besprochenen Text, wieder andere wären besonders für einen gestalterischen Ausklang einer analytischen Textbehandlung geeignet. Schüler stehen der analytischen Behandlung literarischer Texte wesentlich positiver gegenüberstehen, wenn sie zuvor im kreativen Umgang mit Literatur Berührungsängste abgebaut und erfahren haben, dass die Beschäftigung mit Texten sehr interessant und gewinnbringend sein kann. Außerdem tun sie sich in der Textanalyse leichter, wenn sie sich beim spielerischen und produktiven Umgang mit Texten bereits etliche Kenntnisse über sprachliche Mittel weit fundierter angeeignet haben, als dies über die theoretische Aneignung je möglich wäre. Zum anderen wird man den Schülern gelegentlich auch Texte als Ausgangs- und Orientierungspunkt eigener Textproduktionen vorlegen wollen, bei denen es als ratsam erscheint, ein paar besonders subtile oder schwierige Elemente analytisch zu erarbeiten, damit nicht bei einigen unüberwindbare Verständnisschwierigkeiten bleiben, die einer Eigenproduktion im Wege stehen oder sie ins Abseits geraten lassen.

Im einzelnen können die folgenden Methoden zu „Fahrscheinen ins Lyrikland" werden:

Verwürfelte Texte wiederherstellen

Man schreibt die meist wenigen Zeilen eines Gedichts in völlig veränderter Reihenfolge oder auch kreuz und quer auf ein Blatt (oder verwendet als Medium eine Lesebuchseite oder eine Kopiervorlage, auf der das bereits so aufbereitet ist). In den meisten Fällen wird man die Überschrift weglassen. Die Schüler sollen die durcheinandergeratene Reihenfolge der einzelnen Verse in eine ihrer Ansicht nach sinnvolle Reihenfolge und zu einem Gedichtganzen fügen und eine passende Überschrift formulieren, die den Sinnkern zum Ausdruck bringt. Es geht nicht in erster Linie darum, nur den Originaltext wiederherzustellen. Alle sinnvollen Fügungen haben gleiche Gültigkeit.

So geht's

Variante: Eine Reihe von Schülern (richtet sich nach der Anzahl der Gedichtverse) erhält jeweils einen Vers. Nach dem Austeilen erfolgt eine Textlesung, die derjenige beginnt, der glaubt, dass er den ersten Vers hat. Es schließt sich jeweils derjenige an, der den nachfolgenden Vers zu haben glaubt. Das setzt sich fort, bis alle Verse vorgelesen sind. Bei Fehlern (selbst wenn der Text in der Klasse unbekannt ist, fällt ein Fehler in der Logik auf) kann korrigiert und einfach mit dem passenden Vers fortgefahren werden. Man kann aber auch nach jedem Fehler wieder von vorne anfangen und neu lesen lassen. Das bringt Spaß und Spannung, weil alle mitfiebern, ob der neue Anlauf fehlerfrei klappt. Am Schluss steht noch einmal eine fehlerfreie Textlesung aller Versinhaber. Bei dieser Variante geht es also schon darum, den Originaltext zu restaurieren.

Diese Methode ist meines Erachtens ein geniales Vehikel, schon wegen ihres „Schuhlöffeleffekts". Oft haben Schüler Probleme im unterrichtlichen Umgang mit Gedichten, weil einerseits die Sprache des Autors nicht unbedingt die ihre ist, weil Gedichte oft sehr „verdichtet" sind, weil es für ein „kleines Schülerchen" überhaupt schwierig ist, über das Kunstwerk eines „großen Dichters" unbefangen zu sprechen. Andererseits bringt jeder Schüler einen persönlichen Hintergrund mit in die Deutschstunde: von zu Hause, aus der vergangenen Unterrichtsstunde oder aus der Pause. Der kann im Einzelfall so geartet sein, dass er die sofortige und konzentrierte Hinwendung auf den Text verhindert. Schließlich braucht jeder Schüler - wie wir Erwachsenen auch - unterschiedlich lange Zeit, um in den vorgelegten Text so einzudringen, dass er Sinnvolles dazu äußern könnte. Für alle diese Probleme stellt diese Methode eine Lösung dar. Wenn die Auseinandersetzung mit dem Text im Ausschneiden und Legen und Schieben der Textzeilen, im ständigen Durchdenken der Verse und des jeweils gefügten Ganzen sowie im individuellen Suchen nach einer passenden Überschrift ihren Anfang hat, dann kann jeder Schüler sich mit der je eigenen Geschwindigkeit dem Text annähern. Alle müssen mitmachen, das Zeilenmaterial immer wieder durchdenken, um es zu einem sinnvollen Ganzen zu fügen und eine passende Überschrift finden zu können. Nach dieser gründlichen gedanklichen Vorarbeit fällt es allen naturgemäß leichter, über den Text zu sprechen, als wenn sie nach ein- oder zweimaligem Hören oder Lesen gleich zu Äußerungen gedrängt werden. Dieses Sprechen über den Text fällt den Schülern überdies auch aus dem Grund leichter, weil sie zunächst einmal nur über ihre *eigene Arbeit* reden, über das, was *sie* mit dem Zeilenmaterial gemacht haben, über den Sinn, den sie in *ihrer* Zusammenstellung sehen. Das Bewusstsein, über den Text einer Autorin oder eines Autors zu reden (was man letztlich trotz aller Textvariationen ständig tut), tritt stark in den Hintergrund, und der Text verliert so für die Schüler seine einschüchternde Dimension.

Didaktische Begründung

Bei solchem Vorgehen wird das Kognitive durch das Motorische ergänzt; das Begreifen wird im In-die-Hand-Nehmen und ständigen Neuordnen der Verse sinnfällig. Motivation entsteht schon durch den Puzzle-Effekt, und alle werden einerseits neugierig auf die Varianten der Mitschüler und andererseits durch ihre eigene intensive Auseinandersetzung mit dem Material zu kompetenten Gesprächspartnern. Auch die Neugier auf die Autorenvariante wächst. Anfangs werden diejenigen jubeln, die sie mit ihrer Restauration genau getroffen haben. Aber das ist nicht das Entscheidende. Die abweichenden Schülervarianten behalten bei der Annäherung an die Thematik neben dem Autorentext volle Gültigkeit. Im Vergleich mit diesem gilt es schließlich, Unterschiede zu den Schülervarianten herauszuarbeiten, Akzentverschiebungen auszuloten, noch nicht in den Blick gekommene Elemente zu erfassen und die Originalüberschrift und ihre Beziehung zum Textganzen zu betrachten, die bei diesem Vorgehen ganz selbstverständlich in den Blick der Schüler gerückt ist.

Gedichte weisen oft inhaltliche und syntaktische Offenheiten und Mehrschichtigkeiten auf, die das Restaurieren verwürfelter Zeilen einerseits zur echten Herausforderung machen, die aber auch bei Zusammensetzungen, die nicht dem Aufbau des Autorentextes entsprechen, Sinnperspektiven freigeben, die zur Sinnmitte des Phänomens gehören, über das der Autor oder die Autorin schreibt. Die in einer Klasse entstehenden Textvarianten ermöglichen es uns demnach, uns dem Text und seiner zentralen Aussage aus verschiedenen Perspektiven zu nähern und ihn in all seinen offenen, verrätselten und verdeckten, erwarteten und überraschenden Sinnaspekten zu erfahren.

Vor allem in den unteren Klassen kann man auch Reimgedichte in dieser verwürfelten Form anbieten. Die Schüler erfahren dann bei ihren Restaurationsbemühungen, dass sie sich nicht nur am Sinn, sondern auch am Reim orientieren können. So rückt der Reim ganz zwanglos ins Interesse, und man kann mit dieser spielerischen Hinführung die verschiedenen Reimstellungen vorstellen, auf das Schmuckhafte und Festigende des Endreims aufmerksam machen und zeigen, dass die Reimwörter klanglich besonders auffallen, wodurch der Wortinhalt schwergewichtig wird in seiner Aussage und auch als Stimmungsträger.

Aber auch in höheren Klassen kann man Reimgedichte verwürfelt präsentieren. Es kommt immer auf die Eigenart des Textes an und darauf, was man im Unterricht anzielt. Auffällige Bauformen etwa (z.B. wechselnde Reimschemata, Waisen, ein mehrfach wiederholtes Leitmotiv, Parallelen oder Antithesen, Lücken usw.) geraten beim Vergleich der Restaurationsversuche untereinander und mit dem Autorentext ganz zwanglos in den Blickpunkt des Interesses.

Die oben angeführte Variante hat eine andere Zielrichtung. Sie eignet sich zum Beispiel, um bereits bekannte Text noch einmal in ungewohnter Form zur Sprache zu bringen (kennen wir den Text wirklich?). Bei für die Schüler unbekannten Texten schafft sie enorme Konzentration auf den Text bei allen Versinhabern wie auch bei den Zuhörern. Sie eignet sich deshalb gut für den handlungsorientierten Einstieg in eine ansonsten analytische Textbetrachtung oder auch für den handlungsorientierten Umgang mit Texten, die einen sprachspielerischen Umgang mit ihnen nahe legen. Hier kann nach einer ersten Lesestaffette eine Gruppenbildung erfolgen. Zwei, drei weitere Gruppen erhalten ihr Zeilenmaterial und treten zueinander in einen Lesewettstreit.

✗ Welche Texte?
- Grundsätzlich eignen sich alle Gedichte, bei denen nicht schon auf den ersten Blick nur eine einzige Restaurationsvariante als möglich erscheint.
- Besonders geeignet sind jene, die recht eigenständige Verse bzw. Strophen oder auffällige Bauformen aufweisen.

- Schüler schon am Vortag dazu auffordern, Schere und Kleber mitzubringen, oder diese Utensilien vor der Stunde aus Zeichensaal oder Werkraum besorgen (lassen).
- Originalversion des Textes auf Folie oder auf einem Textblatt mitbringen, wenn er nicht im eingeführten Lesebuch steht. Keine Geringschätzung der Schüler-Text-Varianten gegenüber der Autorenversion; nur sachlich vergleichen!
- Am Ende der Stunde Papierabfall säuberlich aufräumen lassen!

Worauf achten?

Texte entflechten

Die Verse zweier thematisch ähnlicher Gedichte werden miteinander vermischt und die Schüler dazu aufgefordert, die beiden Ausgangsgedichte wiederherzustellen. Bei gereimten Gedichten ist die Aufgabe bedeutend leichter als bei reimlosen. Damit die Schüler die Zugehörigkeit der Verse besser abschätzen können, gibt man hier auch die Überschriften an. Rein technisch können die Schüler die Zeilen ausschneiden und legen und so lange verschieben, bis sie ihrer Ansicht nach die beiden Ausgangsgedichte wiederhergestellt haben. Oder sie schreiben die Verse in zwei Gedichtversionen.

Umgekehrt könnte man bei Montagegedichten wie beispielsweise Ingeborg Bachmanns „Reklame" vorgehen: die ineinandermontierten Teile getrennt präsentieren und von den Schülern wieder zusammenfügen lassen. Gerade bei diesem Gedicht würde ich allerdings nicht auf die Präsentation als Ganzes verzichten wollen. Das anfängliche Nichtverstehen ist so verlässlich wie die Motivation, diesem unmöglichen Ding doch noch Sinn zu entnehmen, und die Entdeckungsreise kommt ungeheuer in Fahrt, wenn es jemandem einfällt, die in der Schrift unterschiedlich gesetzten Zeilen in zwei Textgruppen zu trennen. Aber vielleicht wäre es auch reizvoll, den bereits behandelten Text nach einigen Wochen oder Monaten den Schülern in der entflochtenen Form noch einmal mit der Montageaufgabe vorzulegen.

So geht's!

- Bei ihrem Wiederherstellungsversuch vergleichen die Schüler unwillkürlich beide Texte, was sich im Auswertungsgespräch aufgreifen und fortführen lässt.
- Auch hier wirken Rätsel- und Puzzleeffekte motivierend, können sich die Schüler zunächst in individuellem Rhythmus den Texten nähern und sich selbstständig mit ihnen auseinandersetzen.
- Wie von selbst treten formale Aspekte in den Blickpunkt des Interesses; auch hier kommt zum Kognitiven das Motorische hinzu.

Didaktische Begründung

- Grundsätzlich eignen sich alle Textpaare, die thematische Berührungspunkte haben und auch in der Form zueinander passen (also keinen traditionellen mit einem modernen Text mischen).

Welche Texte?

Vers und Strophe

Vers- und Strophenform wiederherstellen

So geht's
→ Man schreibt die Zeilen eines Gedichts in der Form eines Prosatextes auf und legt ihn so den Schülern vor, verbunden mit der Aufgabe, die Strophen- und Versgliederung wiederherzustellen. Die Anzahl der Strophen wird bei Bedarf bekannt gegeben.

Didaktische Begründung
Etliches von dem zur Methode der Textverwürfelung Gesagtem gilt auch hier: Möglichkeit zur individuellen Annäherung, weniger Hemmungen beim Reden über die eigene Arbeit am Text, durch mehrfaches Lesen beim Rekonstruktionsversuch werden die Schüler mit dem Text vertraut.

Diese Methode kann man in unteren Klassen bei Reimgedichten einsetzen, um zu zeigen, wie sehr ein Endreim gliedert. Wenn man keine Angaben zur Strophenzahl macht, können die Schüler ihr Wissen über Reimstellungen und Strophenformen einsetzen, um zum Ziel zu kommen.

Bei ungereimten modernen Gedichten mit unterschiedlicher Vers- und Strophenlänge lässt sich mit dieser Methode tiefschürfend arbeiten. Sie kann aufmerksam machen auf die prosanahe Sprache vieler moderner Gedichte und das Gefühl dafür schärfen, welche Verse zu einer Strophe gehören könnten. Dies müssen die Schüler selbst dann entscheiden, wenn sie über die Strophenanzahl informiert sind. Im eigenen Probieren und im Vergleich mit dem Originaltext lernen die Schüler, wie einzeln einen Vers bildende Wörter besonders wirken und wie auch die Plätze am Anfang und am Ende einer Strophe oder eines Verses ein Wort besonders zur Geltung bringen. Dass Enjambements (große) inhaltliche Bewegtheit in der Form sinnfällig machen und dort zu finden sind, wo diese Bewegung konkret ausgesagt ist, können sie sich auf diese Weise ebenso erarbeiten wie die Erkenntnis, welche Wirkung Textlücken (z. B. in Ingeborg Bachmanns *„Reklame"* oder Günter Kunerts *„Über einige Davongekommene"*) auf Leser haben können. Auffällige Bauformen wie Parallelismen, an bestimmten Stellen wiederkehrend auftretende Leitmotive oder Refrains werden auch ohne Lehrerimpuls in ihrer strukturierenden Wirkung erfasst.

Welche Texte?
- Es kommen im Grunde alle mehrstrophigen Gedichte dafür in Frage.

Worauf achten?
- Um die Auswertung zu erleichtern lässt man ein paar Schüler gleich auf OP-Folie schreiben.
- Bei kurzen Gedichten von ca. 10 bis 12 Zeilen kann man vier weitere Schüler ihre Versionen an die Tafel schreiben lassen; das ist zeitlich vertretbar.
- Oder man lässt alle gleich mit dicken Stiften groß auf Tonpapier (Zeichensaal) oder Tapete schreiben.
- Zum Vergleich werden die Texte dann an die Wand gepinnt. Wenn gleiche Versionen vorhanden sind, müssen nicht alle aufgehängt werden.

Lückentexte restaurieren

Hier gibt es mehrere Möglichkeiten. In den unteren Klassen streicht man beispielsweise die Endreime eines Gedichts und lässt alle von den Schülern finden. Leichter ist es, wenn sie nur das jeweilige Reimwort ergänzen oder die Reimwörter, die als gesonderte Wortgruppe aufgeführt sind, richtig zuordnen müssen.

→ **So geht's**

Hier und in höheren Klassen kann man auch einzelne Wörter aus dem Text herauslösen und sie mit sinnvollen Alternativen zur Auswahl stellen, wie ich dies mit Benns „*Astern*" gemacht habe (S. 73). Die Schüler sollen aus diesem Angebot für jeden Vers das auswählen und einsetzen, das sie für das geeignetste halten. Bei der Auswertung kann man den Lückentext über OP-Folie einblenden und dort eine „Klassenversion" festhalten, die sich aus der Mehrheit der Nennungen ergibt oder aus der erfolgreichen Überzeugungsarbeit einzelner.

Eine dritte Variante wäre die, dass man aus einem Gedicht sehr viel mehr als nur einzelne Wörter pro Vers herausbricht, bis hin zu Versionen, bei denen nicht mehr als ein paar Wörter übrigbleiben, die gerade noch die Thematik erkennen lassen, ein sogenanntes <u>semantisches Wortgitter</u> bilden. In der Präsentation muss man sich eine Mischung aus Wörtern und Auslassungspunkten vorstellen, die insgesamt die Vers- und Strophengliederung noch erkennen lassen. Wie weit man den Text reduziert, hängt vom Alter, vom Leistungsvermögen und vom Kenntnisstand der Schüler einerseits und vom Text andererseits ab. Die herausgebrochenen Teile werden in diesem Fall *nicht* zur Auswahl angeboten. Die Aufgabe lautet hier, Wörter und Wendungen auszudenken, die mit den verbliebenen Restwörtern wieder ein sinnvolles Textganzes bilden. Auf diese Weise entstehen weitgehend eigenständige Texte, die man anschließend miteinander und mit dem Autorentext vergleichen kann.

Ein solches Vorgehen ist stilistische Schulung und Einarbeitung in die Eigenart lyrischer Sprache in einem. Die Schüler müssen bei ihrer Wahl den Wortsinn, das Sprachniveau, den Sprechrhythmus, den Wortklang, eventuell einen Binnenreim oder gar die Vokalfärbung beachten. Sie erfahren Sprachschöpfungen als Ausdruck dichterischen Schaffens und erkennen, dass die in aller Regel ausdrucksstärker sind als die entsprechenden Synonyme unserer Alltagssprache. Sie werden aber auch erleben, dass Autoren ganz bewusst den lapidaren Ausdruck wählen, wo sie den bewegten, pathetischen, dramatischen eingesetzt hätten, und daraus lernen, dass man lapidares Sprechen gezielt als Stilmittel einsetzen kann, um die Ungeheuerlichkeit eines Geschehens durch den als unpassend empfundenen sprachlichen Ausdruck noch mehr ins Bewusstsein der Leser zu rücken. Auch diese Methode ermöglicht die Annnäherung im individuellem Rhythmus und die selbstständige Auseinandersetzung mit dem Text. Ein weiterführendes Gespräch und/oder die weitere Arbeit mit einer der nachstehend aufgeführten Methoden sind damit solide vorbereitet. Wenn die Schüler ihre Wahl begründen, interpretieren sie. Beim Vergleich mit dem Originaltext wird die unterschiedliche Wahl vor dem Hintergrund der Autorenkompetenz diskutiert und die Interpretation vertieft. Die Arbeit mit semantischen Wortgittern ermöglicht es den Schülern, kreativ auf die vorgegebenen Reizwörter zu reagieren, macht sie neugierig auf die Texte der Mitschüler und des Autors und bereitet sie durch ihr eigenes produktives Bemühen auf die Begegnung mit dem Originaltext sehr gut vor.

Didaktische Begründung

Auf Fragen antworten – Texte erweitern

Welche Texte?
- Grundsätzlich eignen sich alle, vor allem sprachgewaltige oder lapidare Gedichte.
- Für semantische Wortgitter eignen sich besonders Jahreszeitengedichte oder solche mit Verben der Bewegung oder starken Stimmungsträgern.

Worauf achten?
- Wenn man ein neueres Lesebuch benutzt, das die Prosatextversion ebenso anbietet wie die Gedichtversion, muss man darauf achten, dass die Schüler nicht nach der Lösung blättern.
- Ansonsten sollte man für den Vergleich das Original auf OP-Folie, Tapete/Tonpapier oder als Textblatt für die Schüler vorbereiten.

Auf Fragen von Gedichten antworten

So geht's
→ Es gibt Gedichte, die mehrere Fragen stellen oder gar aus Fragen bestehen, die der geübte Leser normalerweise still für sich beantwortet. Etliche moderne Gedichte schließen auch ausdrücklich mit einer Frage ab oder sind auch in ihrer ganzen Art derart provozierend, dass man unbedingt darauf antworten muss. Solche Texte können wir den

Worauf achten?
Schülern vorlegen und sie – ohne vorherige Textbesprechung – auf die einzelnen Fragen, die abschließende Frage oder die Provokation schriftlich antworten lassen.

Didaktische Begründung
Hier erfolgt wieder eine selbstständige gedankliche Durchdringung des Ausgangstextes in individuellem Rhythmus. Die Antworten werden zeigen, ob bzw. inwieweit dies gelungen ist. Da alle diese Eingangsarbeit erledigen, werden die Schüler sich bei der Vorstellung der Antworten gegenseitig befragen, kritisieren, korrigieren, und die Interpretation des Ausgangstextes erfolgt auf elegante Weise so ganz nebenbei.

Texte erweitern, fortsetzen bzw. zu Ende schreiben

So geht's
→ Ein Gedicht wird den Schülern ohne seinen Schluss präsentiert. Den sollen die Schüler selbst schreiben.
Bei einigen Texten ist es möglich, eine zusätzliche Strophe oder zusätzliche Verse an- oder einfügen zu lassen. Wo Gedichte nur behaupten, können die Schüler Begründungen einfügen, die man sonst nur hinzudenkt.

Welche Texte?
Es eignen sich vor allem solche Gedichte, die auf eine pointierte, eine pfiffige Lösung, eine unerwartete Wende oder eine entlarvende Feststellung bietenden Schluss hinauslaufen. Solche Gedichte weisen einen Spannungsbogen auf, der auf die Lösung neugierig macht.

Didaktische Begründung
Ein solches unterrichtliches Vorgehen wirkt als retardierendes Moment spannungssteigernd. Die Schüler müssen sich intensiv mit dem Text auseinandersetzen, um einen angemessenen Schluss finden zu können, und sie werden neugierig auf die Vari-

anten der Mitschüler und auf den Originalschluss. Wenn sie Verse, Strophen, Begründungen einfügen, bringt es sie voran auf dem Weg zum kompetenten Leser, und sie können erfahren, was lyrische Prägnanz bedeutet.

- Die Auswertung erfolgt am besten in der Leserunde. Originalschluss auf OP-Folie oder Tapete vorbereiten. Die Schüler können ihn am Ende abschreiben.

Worauf achten?

Texte in Mundart oder eine andere Sprache übersetzen

Die Schüler übertragen ein Gedicht in ihre Mundart; einzelne ins Türkische, Spanische, Italienische – was sich eben durch die vorhandenen Sprachkenntnisse anbietet.

So geht's!

Jeder, der eine Fremdsprache gelernt und dabei Texte übersetzt hat, weiß, dass dies nicht leicht ist, selbst wenn man alle Wörter kennt. Manches lässt sich nicht einfach übersetzen: Begriffe, die die andere Sprache nicht kennt, Redewendungen, die, wörtlich in die andere Sprache übersetzt, nur Kopfschütteln hervorrufen würden. „Schwer auf Draht sein" sagt dem Deutschen etwas, während das „to be heavy on wire" in England keinen Sinn macht. Manches lässt sich wörtlich und sinnvoll übersetzen; aber die Wirkung der Formulierung ist in beiden Sprachen völlig unterschiedlich. Deshalb werden manche fremdsprachlichen Buch- oder Filmtitel in der deutschen Version durch ganz andere ersetzt. Entsprechend anspruchsvoll ist die Übersetzung eines literarischen Textes, zumal die eines Gedichts. Die Aufgabe, ein Gedicht in Mundart zu übersetzen, führt zu einer sehr intensiven individuellen Auseinandersetzung mit dem Ausgangstext und zu engagiertem Sprechen über die treffendste Übersetzung. Dabei werden die inhaltlichen und formalen Aspekte des Originaltextes immer wieder durchdacht; überdies werden die Eigenheiten der Mundart Gegenstand der Betrachtung sein. Viele Schüler ausländischer Herkunft beherrschen eine deutsche Mundart wie Einheimische, so dass sie diese Aufgabe lösen können. Wenn sie den Text in ihre Muttersprache übertragen, können die deutschen Unterrichtsteilnehmer die Ergebnisse zwar nicht verstehen und inhaltlich beurteilen; aber interessant ist der Vortrag für sie dennoch, schon wegen der rhythmischen und klanglichen Elemente.

Didaktische Begründung

- Im Grunde alle Gedichte.
- Besonders reizvoll ist die Aufgabe sicher bei vielen Gedichten lyrischen Humors.

Welche Texte?

PARALLELTEXTE

Paralleltexte verfassen

→ So geht's Die Schüler sollen den Autorentext auf paralleler Ebene „nachmachen". Wenn ein Autor, z.B. Hans Kasper in *„Nachricht",* von Umweltzerstörung im Bereich der Wasserverschmutzung spricht und von der feigen Art einer Beschwichtigungsgesellschaft damit umzugehen, dann könnten Paralleltexte zu anderen Zerstörungen oder Bedrohungen unserer Umwelt verfasst werden, die ebenfalls die Haltung „Macht ja nichts! Es wird schon irgendwie gut gehen!" oder „Das ist ja noch weit weg von uns!" zum Ausdruck bringen. Vieles können die Schüler bei ihrem Arbeiten vom Autorentext übernehmen bis hin zu einzelnen Wörtern oder ganzen Wendungen. Wo es sich um Reimgedichte handelt, wird der Reimzwang aufgehoben, wobei einzelne dennoch und gelegentlich ganz passabel reimen werden.

✎ Didaktische Begründung Diese Methode stellt neben der nachfolgend dargestellten Möglichkeit des Verfassens von Gegentexten wohl die größten Anforderungen an unsere Schüler im textproduktiven Bereich, die sie nach meinen Erfahrungen allerdings meist ganz passabel bewältigen. Natürlich sind unsere Schüler keine Dichter, und es ist auch nicht das erklärte Ziel dieser Didaktik oder dieser Methode, sie zu Dichtern zu machen. Es kann allerdings ein Ergebnis solchen Arbeitens sein, dass der eine oder die andere im Verfassen von Gedichten für sich eine neue Ausdrucksmöglichkeit entdeckt. Das wäre durchaus ein willkommener Nebeneffekt. Grundsätzlich ist die hier den Schülern abverlangte Tätigkeit aber weit weniger anspruchsvoll und komplex als die Arbeit von Autoren. Ausgangspunkt der Arbeit ist ja ein bereits vorhandener Text, in dem die Thematik, die Perspektive, der Ton, sprachliche Mittel u.v.m. vorgegeben sind und der eigentliche schöpferische Akt bereits geleistet ist. So bleibt diese Tätigkeit einerseits ein „Nachmachen", bei dem die Schüler so manches lyrische Element im eigenen Tun sehr viel intensiver erfahren, als wenn sie es nur theoretisch kennengelernt hätten. Andererseits aber bietet ihnen die Aufgabenstellung genügend Freiräume, in die sie mit ihrer eigenen Phantasie, mit ihren Vorlieben und Gefühlen eindringen und ein Stück von sich selbst artikulieren können. Sogar ein völliger Ausbruch aus der Vorgabe ist möglich und sorgt bei der Vorstellung der Texte für eine Gesprächsbereicherung.

✗ Welche Texte?
- Besonders gut geeignet sind vor allem moderne Gedichte, die nicht allzu sehr verdichtet sind und einfache bzw. gut durchschaubare Strukturen aufweisen.
- Die Methode kann auch bei Reimgedichten angewendet werden.
- Den Reim<u>zwang</u> sollte man da allerdings aufheben.

☞ Worauf achten?
- Schüler, die zum ersten Mal so arbeiten sollen, können skeptisch oder gar abwehrend reagieren und bedürfen einer gewissen Ermunterung und Ermutigung.
- Wenn sie sich auf die Sache einlassen, erfahren die meisten, dass ihnen diese Tätigkeit Freude bereitet.
- Etliche liefern nach Tagen noch verbesserte Versionen ihrer Erstversuche oder zusätzliche Texte.
- Die Schülertexte werden im Stuhlkreis vorgelesen; der Vortragende kann auch wie bei einer Autorenlesung vor dem Auditorium sitzen.
- Die Zuhörer können sich fragend oder konstruktiv kritisierend zu dem vorgetragenen Text äußern, müssen dies aber nicht tun.

- Zwischen den einzelnen Textbeispielen oder zwischen Gruppen von drei bis fünf (je nach Länge der Texte) kann man ein paar Takte Musik vom Band einspielen oder Schüler selbst musizieren lassen.
- Abschließend kann man die Schülertexte, auf Packpapier oder Tonpapier um den Autorentext herum gruppiert, den man durch Mittelstellung, Rahmen, farbige Unterlegung, größere Schrift usw. hervorheben kann, im Klassenzimmer oder an einer anderen geeigneten Stelle im Schulhaus ausstellen.
- Dort geraten sie immer wieder ins Blickfeld, können nachgelesen und diskutiert werden.
- Auch der gelegentliche Abdruck in der Schülerzeitung oder in einem am Schuljahresende vielleicht in Zusammenarbeit mit den Lehrkräften aus den Bereichen Kunst und Werken erstellten Erinnerungsbuch würde die Motivation der Schüler fördern und ihr Selbstwertgefühl steigern.

Diese Methode und auch die des Gegentexte Verfassens wird man in ungeübten Klassen zunächst nur einsetzen können, nachdem man ein Gedicht zuvor analytisch oder über eine der vorstehend aufgeführten Methoden textproduktiver Verfahren behandelt hat. Wenn die Schüler schon mit dieser Methode umgehen können und wenn es sich bei dem Autorentext nicht gerade um einen besonders schwierigen handelt, kann man sie auch ohne eine entsprechende Vorbereitung zur Produktion eines Paralleltextes auffordern. Sie setzen sich dann völlig selbstständig mit dem Originaltext auseinander und entwickeln in ständigem Orientieren an ihm ihre Parallelentwürfe, deren Vorstellung und Diskussion zeigen wird, ob und inwieweit die Verfasser den Ausgangstext durchdrungen und verstanden haben.

Gegentexte verfassen

So geht's!

Diese Methode ist mit der zuvor beschriebenen verwandt; die Grenzen sind fließend. Die Schüler verkehren die Aussage eines Gedichts in ihr Gegenteil. Sie können das Wortmaterial des Originals in ihrem eigenen Text verwenden. Dabei kann das gesamte Gedicht umgeschrieben werden, ein bestimmter Teil oder nur der Schluss. Anfangs kann man dies den Schülern vorgeben; später entscheiden sie selbst, inwieweit sie verändern wollen.

Didaktische Begründung

Einem solchen Widerspruch, der latent auch in unseren Schülern keimt, selbst wenn er in dieser fünften Stunde eines sonnigen Freitagvormittags nicht so spontan und explosiv deutlich wird, können wir mit dem Auftrag, einen Gegentext zu verfassen Raum geben. Dieses Tun verbessert nicht nur die Kompetenz unserer Schüler im Umgang mit Lyrik, sondern macht ihnen grundsätzlich klar, dass derartige Texte entlarven, werten, verurteilen, provozieren und so den Leser zu einer aktiven Auseinandersetzung mit ihnen herausfordern wollen.

Welche Texte? ✗ • Es eignen sich vor allem moderne Gedichte, die ein gesellschaftspolitisches Phänomen oder menschliche Fehlverhaltensweisen in unerbittlicher Perspektive und Diktion, oft in provokativer Überzeichnung kritisch oder resignativ darstellen, um Leser zum Nach- und Umdenken zu bewegen.

• Hilde Domins bekanntes Gedicht „*Unaufhaltsam*" gehört sicher zu diesen Texten (S. 74) und mein Gedicht „*Wohlstandsgesellschaft*" (S. 86) ebenfalls. Der Leser spürt den Wahrheitsgehalt des Textes ebenso wie seine eigenen Widerstände. Üblicherweise wird dieser Widerstreit im Innern ausgetragen. Gelegentlich führt er zum Gespräch mit anderen, nur selten zum schriftlich fixierten Widerspruch, wie Hilde Domin dies erfahren hat.

Worauf achten? ☞ • Hier gilt all das bei den Paralleltexten Gesagte (s.o.).

Mit Reim- oder Schlüsselwörtern eigene Texte verfassen

So geht's → Hier handelt es sich um eine Möglichkeit des Weiterverarbeitens von Autorentexten, was hier eine gewisse Verwandtschaft aufweist mit der Arbeit am semantischen Wortgitter oder auch mit dem Verfassen von Paralleltexten. Die Schüler erhalten den Auftrag, mit den <u>Reim</u>wörtern eines Gedichts ein völlig neues zu schreiben. Die Eigenproduktion um <u>Schlüssel</u>wörter eines Autorentextes verläuft ähnlich, nur dass hier kein Reimzwang vorliegt.

Didaktische Begründung ✎ Ein Gedicht ausschließlich als Steinbruch zu benutzen, wäre in meinen Augen eine barbarische Methode. Das Arbeiten mit solchen Textteilen erscheint mir nur da als legitim, wo zuvor der Autorentext Gegenstand der Auseinandersetzung war, wo er über die Besprechung der Schülertexte wieder zur Sprache gebracht wird oder wo diese Methode nur eine Alternative im arbeitsteiligen Umgang mit dem Gedicht darstellt. Unter dieser Voraussetzung kann solches Arbeiten sehr motivierend sein und gute Erkenntnisse bringen. Gerade jüngere Schüler werden begeistert mit den vorgegebenen Reimen „sprachbasteln". Aber auch bei älteren, selbst bei Schülern der Sekundarstufe II wäre diese Methode sinnvoll einzusetzen. Ich denke hier beispielsweise an romantische Gedichte, bei denen die Reimwörter ganz entscheidende Stimmungsträger sind, die man in ironisierend verfremdende, parodierende Schülertexte einarbeiten könnte. Das wäre eine gute Vorbereitung auf Heinrich Heines ironische Brechung romantischer Texte.

Welche Texte? ✗ • Bei Jahreszeitengedichten lässt sich diese Methode besonders gut durchführen, weil hier immer wieder Topoi auftreten, die unseren Schülern bald vertraut sind.
• Natürlich geht das prinzipiell auch mit anderen Gedichten, bei denen die Reimwörter sehr stark für Stimmung sorgen, Bewegungen ausdrücken oder beschreiben.

Worauf achten? ☞ • Wichtig ist hier wieder die Präsentation der Texte:
• Lesung im Stuhlkreis oder wie bei einer Autorenlesung.
• Ev. schriftliche Darstellung in der einen oder anderen Form (s.o. Paralleltexte).

Mit eigenen Texten auf Gedichte reagieren

Der Autorentext wird zum Anlass für eine Textproduktion unserer Schüler. So ist es z. B. möglich, für Kurt Martis „Ein überaus dickes Mädchen" eine Heiratsannonce oder die Tagebucheinträge einer Woche zu verfassen, ihr einen Brief zu schreiben oder aus ihrer Sicht einen Offenbarungsbrief an einen heimlich geliebten Freund oder Schulkameraden. Es lassen sich Flugblätter verfassen oder Protestschreiben oder beispielsweise ein Pressebericht, wie man ihn statt Kaspers „Nachricht" eigentlich erwartet hätte. Für den Jungen in Erich Kästners Gedicht „Verzweiflung Nr. 1" ließe sich ein innerer Monolog formulieren usw.

→ *So geht's!*

✗ *Welche Texte?*

Das sind Möglichkeiten der produktiven Weiterarbeit, die ein Gedicht nahe legen kann. Auch hier erfahren die Schüler, dass Gedichte in ihre Wirklichkeit hineinsprechen können, dass sie zur Auseinandersetzung mit ihnen und zu weiteren Reaktionen herausfordern. Wenn man bedenkt, dass viele in unserer Gesellschaft auch auf starke Reize nicht mehr reagieren, dass Gleichgültigkeit vorherrscht und das Wegsehen gängige Praxis ist, dann kann solches Reagieren auf Texte ganz grundlegende gesellschaftlich notwendige Haltungen einüben.

✎ *Didaktische Begründung*

- Wo sich mehrere Möglichkeiten anbieten, würde ich grundsätzlich arbeitsteilig arbeiten lassen, so dass möglichst alle Formen in der Klasse entstehen. Das lässt den Schülern Wahlfreiheit und erhöht die Neugier auf die Textproduktionen der Mitschüler.
- Auch hier sollte man den Originaltext und die Reaktionen darauf in geeigneter Form (s.o. Paralleltexte) ausstellen.

☞ *Worauf achten?*

Ein Gedicht mit Farben unterlegen

Die Schüler erhalten den Auftrag, die Verse eines Gedichts mit solchen Farben zu unterlegen, die ihrer Meinung nach zur jeweiligen Textpassage bzw. der darin enthaltenen Aussage passen.

→ *So geht's!*

Das ist eine Methode des im weitesten Sinne bildhaften Gestaltens, die man zum Einstieg in eine Textbehandlung wählen, die jedoch bei arbeitsteiligem Vorgehen auch als eigenständige Beschäftigung mit dem Text Anwendung finden kann. Die Schüler leisten mit ihrer Farbzuordnung und der Begründung im anschließenden Gespräch eine Interpretation. Dass diese zunächst nonverbal erfolgt, ermöglicht eine Annäherung an den Text im individuellen Rhythmus und schafft Sicherheit. Der Zugang erfolgt über das Medium Farbe sehr stark gefühlsmäßig.

✎ *Didaktische Begründung*

- Geeignet sind vor allem solche Texte, die ausgeprägte Emotionen anbieten und/oder auffällige Bauformen enthalten.

✗ *Welche Texte?*

BILD UND GEDICHT

Worauf achten?

- Man besorgt sich sicherheitshalber Buntstifte oder Wachsmalstifte aus dem Zeichensaal, damit nicht einige Schüler tatenlos herumsitzen und stören, weil sie keine Farben haben.
- Technisch empfiehlt sich der Hinweis, dass mit sehr dunklen Farben die Textzeile nicht übermalt werden sollte, da man den Text dann nicht mehr lesen kann.
- Die Zuordnung solcher Farben erfolgt nur durch Anstreichen am Rand.

Ein Bild oder mehrere Bilder zum Gedicht zeichnen

So geht's

Welche Texte?

Diese Methode ist überall da als Einstieg, als Element eines arbeitsteiligen Umgehens mit Gedichten oder auch als Weiterarbeit sinnvoll, wo ein Gedicht besonders bildhaft ist, wie beispielsweise Erich Kästners *„Der September"* (S. 64). Die Buchstaben, Wörter und Sätze des Textes erzeugen ja innere Bilder beim Leser, und die werden durch das Zeichnen zu einer für jedermann sichtbaren Interpretationsvariante. Bei der Ausführung gibt es Variationsmöglichkeiten. So können Bilder in Plakat- oder Din-A4-Größe erstellt werden, die man zusammen mit dem Gedicht für eine Weile im Klassenzimmer ausstellt. Zu Erzählgedichten und Balladen kann man auch Bilder zeichnen lassen, mit denen dann der Spannungsverlauf grafisch dargestellt wird. Eine andere Möglichkeit wäre eine Art Marginalienmalerei, wie wir sie von den Prachtausgaben früherer Bibeln her kennen, bei denen Mönche die Seitenränder mit Bildchen bemalt haben, die das inhaltlich Ausgesagte augenfällig machen. Dazu erhalten die Schüler ein Blatt, auf dem der Text in der Mitte angeordnet ist. Wenn der Text länger ist, kann man ihn auch ausschneiden und auf ein größeres Tonpapier kleben lassen. Durch die Marginalienmalerei der Schüler entstehen dann Schmuckblätter mit einer je eigenen Interpretation der Gedicht-Bilder.

Didaktische Begründung

Dies sind Formen des Textumgangs, bei denen auch weniger wortgewandte oder gehemmte Schüler zum Zuge kommen. Sie können andere Formen der Auseinandersetzung ergänzen und vertiefen, eine analytische Betrachtungsweise vorbereiten oder abschließen. Die Umsetzung der Wort-Bilder in Bild-Bilder macht deutlich, dass Lyrik bildhaft ist, und bringt ein eher ungewohntes motorisches Element in den Deutschunterricht ein.

BILD- UND TEXTCOLLAGE/DARSTELLENDES SPIEL

Eine Bild-/Textcollage zu einem Gedicht anfertigen

Mit Aussprüchen, Redewendungen, Sprichwörtern, Schlagzeilen, Kurzmeldungen, Statistiken und/oder Bildern aus Zeitungen und Zeitschriften, Fotografien, (eigenen) Zeichnungen, Karikaturen und aus Gegenständen verschiedener Materialien lassen sich Collagen gestalten, in denen die Aussage eines Gedichts optisch umgesetzt, kontrastiert oder karikiert wird. Sie können sich auf den gesamten Text beziehen, auf ein paar Strophen oder auch nur auf eine einzelne.

→ *So geht's!*

Solche Collagen, die sowohl eine Form der grundständigen Auseinandersetzung mit dem Text wie auch eine Form der Weiterarbeit darstellen können, wird man der Komplexität der Aufgabe und des Materialaufwandes wegen sinnvollerweise in Gruppenarbeit fertigen lassen. Um die Textaussage zu treffen, müssen die Schüler den Text in der Gruppe gründlich interpretieren, was sich bei der Vorstellung der Gruppenergebnisse auf der Klassenebene fortsetzt. Auch hier erfahren die Schüler, dass bei selbstständigem Umgehen mit Lyrik Texte zur Auseinandersetzung herausfordern und dass Lyrik bildhaft ist. Überdies wird Teamwork eingeübt.

Didaktische Begründung

- Für diese Arbeit sind im Grunde alle Gedichte geeignet.

✗ *Welche Texte?*

- Die Qualität der Collagen hängt nicht nur von der gelungenen Textdurchdringung ab, sondern auch vom vorhandenen Material.
- Es empfiehlt sich deshalb, die Schüler vom Schuljahresbeginn an schon ausgelesene Zeitschriften mitbringen zu lassen und die in geeigneter Weise im Klassenzimmer aufzubewahren, damit man Material hat, wenn man es braucht.
- Natürlich können die Schüler auch einzelne Bilder, Schlagzeilen, Zeitungstexte, die ihnen aussagekräftig erscheinen, sammeln, auch wenn noch keine konkrete Aufgabe ansteht.

☞ *Worauf achten?*

Eine Textaussage im darstellenden Spiel gestalten

Für die szenische Umsetzung bieten sich etliche Möglichkeiten an, aus denen man je nach Text und Vorlieben der Schüler auswählen kann. So lässt sich eine Szene des Gedichts als Standbild darstellen - wie eine Fotografie, die einen bestimmten Moment festhält. Es geht nicht nur um die räumliche Anordnung von Menschen und Gegenständen; auch die Haltung und die Mimik jeder Person muss stimmen, das Spannungsverhältnis zwischen den Figuren zum Ausdruck gebracht werden. So wird die Textsituation gleichzeitig verinnerlicht und nach außen dargestellt. Einbezogen sind auch die Zuschauer - gleichermaßen als Regisseure und Kritiker.

→ *So geht's!*

Didaktische Begründung

Manche Gedichte eignen sich auch zur pantomimischen Darstellung. Diese Pantomime kann sich auf Szenen des Gedichts beschränken oder das ganze Gedicht darstellen; sie kann anstelle des Gedichtvortrags erfolgen oder eine Lesung begleiten. Sie ist immer eine Form der aktiven Interpretation und kann gerade in ihrem stummen Spiel das Anliegen eines Textes auf beeindruckende Weise sinnfällig machen.

Erzählgedichte und Balladen kann man ganz oder teilweise in ein <u>darstellendes Spiel</u> umsetzen - mit den Schülern als Schauspielern oder auch als <u>Schatten- oder Puppenspiel</u>. Letzteres könnte das Ergebnis fächerverbindenden Arbeitens sein, wenn in Werken Puppen hergestellt werden, die im Deutschunterricht zum Einsatz kommen.

Wer noch eins draufsetzen will, der kann diese szenischen Darstellungen auch noch mit der schuleigenen oder ausgeliehenen Videokamera <u>verfilmen</u>. Das bringt zusätzliche Motivation und Erfahrungen im Umgang mit einer Videokamera. Die Darstellungen können auch fotografiert und die Bilder später in ein Erinnerungsbuch (s.o. Paralleltexte) eingefügt werden.

Welche Texte?

- Es eignen sich Gedichte, die eine Handlung erzählen oder eine Haltung oder einen darstellbaren Zustand beschreiben.
- Eventuell sind Requisiten nötig, die man dabeihaben sollte. Manchmal ist es sinnvoll, eine Gruppe von Schülern ein Spiel zu Hause vorbereiten zu lassen.
- Den Zuschauern Beobachtungsaufträge erteilen.

Akustische bzw. musikalische Gestaltung einer Textaussage

So geht's
Didaktische Begründung

Darunter fällt schon ein <u>Erlesen</u> bzw. die vortragende Gestaltung eines Textes. Das Erlesen ist eine altbekannte Methode. Einzelne Schüler tragen eine Strophe oder das ganze Gedicht vor, und die anderen üben anschließend konstruktive Kritik: Wo wurde falsch betont oder gar nicht, wo hätte man langsamer oder schneller, lauter oder leiser lesen, wo eine Pause machen müssen und warum? In weiteren Lesevorträgen sucht man den optimalen Ausdruck. In diesem ständigen Wechsel von Versuch und Kritik wird das Gedicht interpretiert.

Bei einigen Gedichten lyrischen Humors, vor allem bei solchen, die Zungenbrecher und/oder rhythmische Schwankungen enthalten, kann man <u>mit dem Sprechausdruck spielen</u> und den Witz des Textes im eigenen Sprachhandeln noch verstärken. Da kann ein Solist den Erzähltext lesen und eine Gruppe oder die ganze Klasse den Refrain (falls es einen gibt). Ein „Dirigent" kann die ganze Klasse durch Gesten zum lauten, leisen, schnellen, langsamen oder stummen Lesen animieren und verschiedenen Gruppen ihren Leseeinsatz geben. Hier wird das Gedicht zur Partitur und die Klasse zum Orchester. Wo die Kommandos schnell wechseln oder gegen die Erwartung erfolgen, kann das Ganze auch in ein lustiges Chaos münden, das diese Schulstunde zu einem unvergesslichen Erlebnis werden lässt.

Zwischen <u>Lyrik und Musik</u> gibt es eine enge Verbindung. Viele Gedichte sind vertont. Und seit ein paar Jahren kann man immer häufiger erleben, dass Autoren zusammen mit Musikern auftreten, die ihre Texte musikalisch unterlegen und in der Wirkung verstärken. Man kann Schüler deshalb auch nach Musikstücken oder Ausschnitten aus Musikstücken suchen lassen, die zu dem Gedicht bzw. zu einzelnen Motiven oder Situationen passen und einen Lesevortrag sinnvoll unterlegen. Eventuell können auch Schüler, die ein Instrument spielen, den Text musikalisch akzentuieren, oder man experimentiert mit Orff-Instrumenten. Eine solche Aufgabe ließe sich gut in fächerverbindender Zusammenarbeit mit dem Fach Musik angehen.

Worauf achten?

- Benötigte Requisiten und Musikinstrumente rechtzeitig besorgen.
- Bei Bedarf Schüler auf Spezialaufgaben rechtzeitig vorbereiten.

AUSBLICK

Die vorstehenden Ausführungen sollten hinlänglich gezeigt haben, dass es viele Methoden für einen kreativen, abwechslungsreichen und fachdidaktisch sinnvollen unterrichtlichen Umgang mit Gedichten (und anderen Texten) gibt. Vielleicht hat Ihnen, liebe Kolleginnen und Kollegen, die Lektüre dieser Seiten Lust gemacht, auf diese Weise an Gedichte heranzugehen. Probieren Sie es ruhig aus. Ich bin sicher, Sie werden viele positive Erfahrungen machen bei ihren Klassenfahrten ins Land der Lyrik. Im nachfolgenden praktischen Teil finden Sie sechs entsprechend aufbereitete Gedichte, die Sie direkt im Unterricht einsetzen und/oder als Muster für den unterrichtlichen Einsatz von Gedichten eigener Wahl gebrauchen können.

Günter Kunert

Reisen

Die Lokomotiven tönen. Die Züge
warten. Laß uns reisen.

Berge und Seen. Vergangenheit und
Gegenwart. Wald und Sumpf.
Träume und Leben. Unaufhaltsam
ziehen vorbei sie.

Laß uns reisen in
Gewißheit: Wo wir auch angelangen,
liegt das Ziel
schon hinter uns.

Drei kurze Sätze, zwei Aussagesätze, bestehend jeweils nur aus Subjekt und Prädikat, und ein Aufforderungssatz, bilden zusammen das erste Bild dieses Gedichts von Günter Kunert[8]. Der Autor stellt es dem Leser ganz unvermittelt vor Augen. Das gesamte Bild hat Aufforderungscharakter: „tönende" und somit ungeduldig „wartende" Lokomotiven; da formuliert der dritte Satz nur die logische Konsequenz: „Laß uns reisen."

Das Ganze spiegelt die unwiderstehliche Verlockung wieder, die das Reisen für die meisten Wohlstandsbürger darstellt, und entsprechende Assoziationen stellen sich beim Lesen dieser gerade ob ihrer Einfachheit so sehr wirkenden Sätze ein. Das Bild der Sehnsucht mag bei dem einen eine mediterrane Landschaft sein, bei dem anderen das Gebirge, bei einem dritten vielleicht die Vorstellung von einem Abenteuerurlaub irgendwo in der Wildnis. Auch bei Kunert folgen nun in der zweiten Strophe Reisebilder, die allerdings aus unterschiedlichen Bereichen stammen und so verdeutlichen, dass der Autor die Urlaubsreise und die Lebensreise in eins setzt. Das sind einmal die aus einem fahrenden Zug heraus real sichtbaren Landschaftsbilder wie *„Berge und Seen"* und *„Wald und Sumpf"* und zum anderen die Metaphern für die Lebensreise: *„Vergangenheit und Gegenwart", „Träume und Leben"*.

Beide Bilderkategorien sind hier nicht nur völlig gleichgewichtig, sondern sie werden miteinander vermischt. Ist nicht jede Urlaubsfahrt auch eine Flucht aus dem Alltag und seinen Zwängen? Eine Flucht vor sich selbst vielleicht sogar? Eine latente Suche nach Sinn? Sind nicht auch in der Realität des Urlaubsreisenden die beiden Ebenen, die das Gedicht anspricht, untrennbar miteinander verbunden? Die Bilder dieser zweiten Strophe stehen in syntaktisch unkorrekten Gebilden, in vier knappen und jeweils gleich aufgebauten Assoziativsätzen, die auf das Verb verzichten und dem Leser über die Substantive wechselnde Vorstellungen ins Gehirn werfen, vergleichbar den Eindrücken eines Bahnreisenden, der die wechselnden Bilder der Landschaft vor seinem Fenster vorbeifliegen sieht. Im übrigen wird im Rhythmus dieser kurzen Sätze auch der Rhythmus jener Geräusche eingefangen, die entstehen, wenn ein Zug über die Schienen rollt. Kunert fängt somit in Aussage und Form dieser Strophe visuelle und akustische Eindrücke ein, die ein Bahnreisender erfährt. Die Strophe schließt mit dem Resümee: *„Unaufhaltsam / ziehen vorbei sie"* - die Bilder, die Eindrücke der Urlaubsreise und des Lebens. Das *„Unaufhaltsam"* erhält seine Bedeutungsschwere durch die Stellung am Ende des Verses, und das Enjambement fängt in der Form diese unaufhaltsame Bewegung ein. Die dritte Strophe nimmt die Einladung des lyrischen Ichs aus der ersten Strophe (*„Laß uns reisen"*) wieder auf, führt sie jedoch fort zu der Erkenntnis, die vermittelt werden soll: Reisen wir in dem Bewusstsein, dass der Weg das Ziel ist, weil unser ganzes Leben eine Reise durch Zeit und Raum ist. Nichts lässt sich wirklich festhalten. Alles, was mit uns zu tun hat, ist vergänglich wie wir selbst. *„Mit jedem Pulsschlag wird aus Heute Gestern"*, wie es Erich Kästner in seinem Gedicht *„Der Mai"* poetisch formuliert. So ist alles Reisen letztlich nur ein Abschnitt unserer Lebensreise, in seinen tiefsten Motivschichten ein Suchen nach uns selbst, nach dem Sinn und dem Urgrund des Lebens. Weil dies sich uns aber bestenfalls immer nur in Bruchstücken offenbart, liegt bei jeder Ankunft „das Ziel schon hinter uns", wohnt jeder Ankunft schon ein neuer Aufbruch inne.

Kunerts Gedicht erscheint als Kontrapunkt zu dem wilden Reisekonsum, wie er in unserer Wohlstandsgesellschaft zu beobachten ist. Viele verreisen bei jeder sich bietenden Gelengenheit, nicht nur in Ferienzeiten, vielfach auch über ein (verlängertes) Wochenende. Weg, wann immer es geht und um jeden Preis, heißt die Devise, und die Werbung unserer Tage hämmert uns ein, wir hätten es (das Reisen) *„uns verdient"*.

Damit ist das Reisen unserer Zeit besetzt mit den typischen oberflächlichen Vorstellungen einer Konsum- und Leistungsgesellschaft. Wir tun gut daran, unseren Schülern die Sichtweise Kunerts nahezubringen.

Methodisch bieten sich bei diesem Text verschiedene handlungsorientierte Zugänge an. Die prosanahe Sprache legt nahe, ihn ***als Prosatext*** aufzuschreiben und so den Schülern zu präsentieren. Man kann vorgeben, dass es sich um drei Strophen handelt, muss dies aber nicht. Die Schüler können daran etwas über die Versgestaltung im modernen Gedicht lernen. Am Beispiel des Wortes „Unaufhaltsam" und seiner Stellung im Text können sie erfahren, dass Strophen- bzw. Versanfang und -ende jeweils besonders auffällige Plätze in Gedichten sind, wo zentrale Aussagen gewichtig wirken.

Die zweite Möglichkeit wäre die, ihn ***in verwürfelter Form*** auf einem Arbeitsblatt anzuordnen und dabei die Überschrift wegzulassen. Die Schüler erhalten dann den Auftrag, die Zeilen auszuschneiden (Scheren mitbringen lassen oder aus dem Werkraum oder Zeichensaal besorgen!), einen sinnvollen Gedichttext zusammenzusetzen und diesen mit einer passenden Überschrift zu versehen. In dieser Form habe ich bei diesem Gedicht vor Jahren meine ersten Erfahrungen mit dem handlungsorientierten Arbeiten gemacht. Die Schüler einer neunten Klasse hatten großen Spaß an dieser neuartigen Vorgehensweise und bastelten munter drauflos. Vier von ihnen konnten ihre Ergebnisse an die Tafel schreiben (zehn Zeilen sind schnell angeschrieben), und die Ergebnisse von zwei weiteren, denen ich Overheadprojektorfolien ausgegeben hatte, haben wir über den Projektor eingeblendet. Die übrigen entsprachen einem der so vorgestellten Texte; abweichende Überschriften waren schnell genannt. Die Schüler haben mit sehr viel weniger Hemmungen über „ihren" Text gesprochen, als das sonst beim Sprechen über moderne Gedichte zu beobachten war. Vor allem konnte ich feststellen, dass wir immer irgendwie über die im Originaltext vorgegebene Thematik gesprochen haben, so unterschiedlich die Zusammensetzungen auch waren. Zwei oder drei haben den Autorentext nachgebildet, und gewisse Siegerposen waren natürlich nicht ganz zu vermeiden. Zwei dieser Ergebnisse habe ich über die Zeit gerettet, und ich will sie Ihnen hier vorstellen:

Der Traum

Liegt das Ziel schon hinter uns,
Laß uns reisen in Träume und Leben
Unaufhaltsam ziehen vorbei sie
Die Lokomotiven tönen. Die Züge warten.
Laß uns reisen.
Gewißheit: Wo wir auch anlangen,
Berge und Seen, Vergangenheit und
Gegenwart, Wald und Sumpf.

Christian H.

Ziele

Laß uns reisen in
Gewißheit: Wo wir auch anlangen,
Berge und Seen. Vergangenheit und
Gegenwart. Wald und Sumpf.
Träume und Leben. Unaufhaltsam
ziehen vorbei sie.

Liegt das Ziel
schon hinter uns.
Die Lokomotiven tönen. Die Züge
warten. Laß uns reisen.

Rainer P.

Der Vergleich mit dem Autorentext verlief zielgerichtet, weil die Schüler nach Unterschieden zu „ihren" Texten suchten. So sind wir recht zügig auf den Punkt gekommen, haben über Kunerts Ansicht zum Reisen gesprochen, über den Sinn der Enjambements und über die Wirkung des Wortes „Unaufhaltsam" an dieser Textstelle. Hier kann man natürlich noch handlungsorientiert fortfahren, beispielsweise „Lebenswege" auf Plakaten gestalten lassen (den jeweils eigenen oder den eines „Durchschnittsmenschen"), in denen Reisen Abschnitte markieren, oder, wie dies z. B. in Leseland 7[9] vorgeschlagen ist, die letzte Strophe dieses Gedichts auf ein Plakat kleben und drumherum als Kontrast Werbeslogans und Werbebilder anordnen lassen.

Eignung: Klasse 9 und höher; eventuell schon ab Klasse 7.

Erich Kästner

Der September

Das ist ein Abschied mit Standarten
aus Pflaumenblau und Apfelgrün.
Goldlack und Astern flaggt der Garten,
und tausend Königskerzen glühn.

Das ist ein Abschied mit Posaunen,
mit Erntedank und Bauernball.
Kuhglockenläutend ziehn die braunen
und bunten Herden in den Stall.

Das ist ein Abschied mit Gerüchen
aus einer fast vergessenen Welt.
Mus und Gelee kocht in den Küchen.
Kartoffelfeuer qualmt im Feld.

Das ist ein Abschied mit Getümmel,
mit Huhn am Spieß und Bier im Krug.
Luftschaukeln möchten in den Himmel.
Doch sind sie wohl nicht fromm genug.

Die Stare gehen auf die Reise.
Altweibersommer weht im Wind.
Das ist ein Abschied laut und leise.
Die Karussells drehn sich im Kreise.
Und was vorüber schien, beginnt.

Der September[10] ist für Erich Kästner ein Abschied vom Sommer, was er leitmotivisch in allen fünf Strophen seines Gedichts aussagt, von Strophe I bis IV jeweils im Vers 1, in Strophe V in der Strophenmitte und somit in jeder Strophe an einem auffälligen Ort. Dass es ein Abschieds**fest** ist, zeigt Kästner in vielen stimmungsvollen Einzelbildern, aus denen er sein Stimmungsbild kaleidoskopartig zusammensetzt. Bunte Früchte und Blumen erscheinen ihm wie Flaggen (Strophe I), die den feierlichen Rahmen bilden zu einer Vielzahl von Festen wie Erntedank, Bauernball und Almabtrieb (Strophe II). Die Einmachzeit bringt Erinnerung an Gerüche aus Küche und Feld (Strophe III) und die damit verbundenen Erlebnisse aus der Kinder- und Jugendzeit. Der September ist auch die Jahrmarktzeit, wofür positive Bilder wie *„Getümmel"*, *„Huhn am Spieß"* und *„Bier im Krug"* stehen (Strophe IV). Gipfelpunkt sind die *„Luftschaukeln"*, die *„in den Himmel"* wollen, ein Ausdruck des Hochgefühls der Menschen auf dem Rummel. Warum dies natürlich nicht so recht klappt, wird im Folgevers mit *„Doch sind sie wohl nicht fromm genug"* humorvoll-ironisch begründet. In Strophe V,1f folgen mit *„Die Stare gehen auf die Reise"* und *„Altweibersommer weht im Wind"* zwei Bilder des Abschiednehmens in der Natur, die etwas Wehmut aufkommen lassen, wie sie bis dahin nur im Leitmotiv ganz unterschwellig anklingt. Der Mittelvers dieser letzten Strophe fasst zusammen: *„Das ist ein Abschied laut und leise."* Leise vollzieht sich dieser Abschied in der Natur, laut und leise gestaltet ihn der Mensch, der angesichts der Fülle des Herbstes noch einmal *„auf den Putz haut"*, bevor er sich einstimmt auf Advent, Weihnacht, Winter und Tod. Die sich drehenden Karussells in Strophe V,4 werden zum Symbol für den Jahreslauf, der dadurch tröstet, dass nichts für immer vergeht (Strophe V,5), und in ihrem Im-Kreise-Drehen zum Symbol für die Zeit überhaupt. *„Die Zeit vergeht, und sie dauert, und beides geschieht im gleichen Atemzug"*, formuliert Kästner im Vorwort zu *„Die dreizehn Monate"*.[11]

Alle Einzelbilder fügen sich zu dem Gesamtbild: September ist Abschied. Dabei sind verschiedene Sinne angesprochen: die Augen in Strophe I, die Ohren und Augen in Strophe II, die Nase in Strophe III und alle Sinne in Strophe IV. Schöne Bilder sind es, voll Glanz und Wehmut, die so die Ambivalenz des Herbstes bzw. eines Abschieds wiederspiegeln. Zu dieser Ambivalenz passen der vierhebige Jambus, der Kreuzreim sowie der Wechsel von weiblichen und männlichen Kadenzen. Die Alliterationen in Strophe V,2-4 sorgen für atmosphärische Dichte, und die Bewegungen des Abschiednehmens (I,1f), der ziehenden Kühe (II,3f), der aus den Gerüchen aufsteigenden Erinnerung (III,1f) werden formal in Enjambements ausgedrückt. Steigernd wie der Jambus ist auch der Aufbau des Gedichts. Die Strophen I bis IV weisen je vier Verse auf, während Strophe V einen Vers mehr hat, just jenen Mittelvers nämlich, der noch einmal das Leitmotiv enthält. In den Strophen I und II finden sich zwei, in III und IV je drei und in der Strophe V fünf Sätze. Jeweils in den zweiten Hälften der Strophen III und IV und in der ganzen Strophe V verwendet Kästner den Zeilenstil, den er sehr häufig in seinen Gedichten einsetzt und der geradezu ein Markenzeichen für den Lyriker Erich Kästner geworden ist. In III,3f stellt er so die beiden Bilder (Küche, Feld) nebeneinander, und die Punkte wirken wie Bilderrahmen. In IV,4 erreicht er dadurch einen gewissen Überraschungseffekt, weil der Leser das Bild in IV,3 für abgeschlossen hält und nicht mit einem Kommentar rechnet, der sich darauf bezieht. Die letzte Strophe erhält durch dieses Stilmittel die Bedeutungsschwere, die der Autor ihr als Resümee mitgeben wollte. Wunderschöne Bilder, formal perfekt ins Szene gesetzt.

Da Kästner sein Gedicht unter das immer wiederkehrende Leitmotiv „September = Abschied" stellt und ein Gesamtbild aus vielen Einzelbildern mosaikartig zusammensetzt, erscheint eine handlungsorientierte Zugangsweise *(verwürfelten Text wiederherstellen)*, die unsere Schüler auf anderer Ebene den Sammelvorgang Kästners nachvollziehen lässt, geradezu als ideal. Dazu sollte man jedoch den Text nicht ganz in seine Einzelverse zerlegen, sondern unter der Überschrift die erste Strophe vollständig wiedergeben, da sie Verszahl und Reimstellung als Muster vorgibt. Von den Strophen II bis IV wird nur jeweils Vers 1 vorgegeben mit entsprechenden Freiräumen für die Verse 2 bis 4. Am Ende steht Strophe V wieder vollständig, da sie aus dem Rahmen fällt, was die Schüler verwirren würde. Der Texttorso wird eingerahmt, die herausgelösten Verse kreuz und quer außerhalb des Kastens aufgeklebt. Die Schüler sollen sie ausschneiden und unter das passende Leitmotiv fügen, bis die Strophen vollständig sind (Arbeitsblatt, Seite 67). Ein weiteres Arbeitsblatt (S. 69) zeigt einen Bilderrahmen mit dem Bildtitel *September = Abschied*. Innerhalb dieses Rahmens finden sich fünf Mosaikteile, für jede Strophe eines, die durch gestrichelte Linien nochmals unterteilt sind, was der Anzahl der Einzelbilder in den jeweiligen Strophen entspricht. Jedes große Mosaikteil ist bezeichnet: Standarten (I), Posaunen (II) usw. Die Schüler ordnen die Einzelbilder zu: Standarten aus Pflaumenblau und Apfelgrün, Garten flaggt Goldlack und Astern, Königskerzen glühn usw. So bekommen die Schüler einen Eindruck davon, dass der Autor mit Wörtern und Sätzen ein Bild gemalt hat. Unter dem Bilderrahmen wird abschließend festgehalten: Mosaik von Einzelbildern – Gesamtbild September.

Der Unterrichtsverlauf könnte so aussehen:

1. Die Schüler restaurieren das Gedicht (Textblatt; Scheren mitbringen lassen oder aus Werkraum/Zeichensaal besorgen).
2. Gespräch über „Zusammensetz-Hilfen" (Inhalt, Reim).
3. Zweimaliger Gedichtvortrag.
4. „Für Kästner ist der September vor allem eines!?" → TA: September = Abschied (Begriff: Leitmotiv)
5. „Bei der Ausarbeitung seines Gedichts hat Kästner - nicht mit der Schere wie ihr, sondern gedanklich im Kopf) etwas Ähnliches getan wie ihr zu Beginn der Stunde.
   → TA: Kästner hat Eindrücke/Bilder gesammelt.
   Gespräch über die Wirkung der Bilder.
6. „Ordnet die Bilder des Gedichts im nächsten Arbeitsblatt richtig ein!"
7. Auswertungsgespräch mit Ergebnis für die letzte Zeile des Arbeitsblattes (Eintrag s.o.).
8. „Die letzte Strophe fällt etwas aus dem Rahmen. Begründet das!"
   Hausaufgabe:
   Die Schüler *zeichnen* arbeitsteilig die „Bilder" dieses Gedichts im Din-A4-Format. Die werden in der nächsten Stunde um das groß ausgedruckte Leitmotiv angeordnet und in der Klasse ausgestellt.
   Selbstverständlich könnte man anstelle der Beschäftigung mit dem zweiten Arbeitsblatt auch gleich die Bilder des Gedichts zeichnen lassen.

Eignung: Klasse 6 und höher.

Erich Kästner
Der September

Das ist ein Abschied mit Standarten
aus Pflaumenblau und Apfelgrün.
Goldlack und Astern flaggt der Garten,
und tausend Königskerzen glühn.

Das ist ein Abschied mit Posaunen,

Das ist ein Abschied mit Gerüchen

Das ist ein Abschied mit Getümmel,

Die Stare gehen auf die Reise.
Altweibersommer weht im Wind.
Das ist ein Abschied laut und leise.
Die Karussells drehn sich im Kreise.
Und was vorüber schien, beginnt.

Kuhglockenläutend ziehn die braunen

aus einer fast vergessenen Welt.

mit Huhn am Spieß und Bier im Krug.

Kartoffelfeuer qualmt im Feld.

Doch sind sie wohl nicht fromm genug.

und bunten Herden in den Stall.

Mus und Gelee kocht in den Küchen.

Luftschaukeln möchten in den Himmel.

mit Erntedank und Bauernball.

Aufgabe:
Die zweite, dritte und vierte Strophe des Gedichts haben wie die erste je vier Verse. Es steht aber nur der jeweilige Anfangsvers dieser Strophen im Kasten. Die fehlenden Verse findest du in der Auswahl daneben. Ordne jeder Strophe die fehlenden Verse richtig zu!

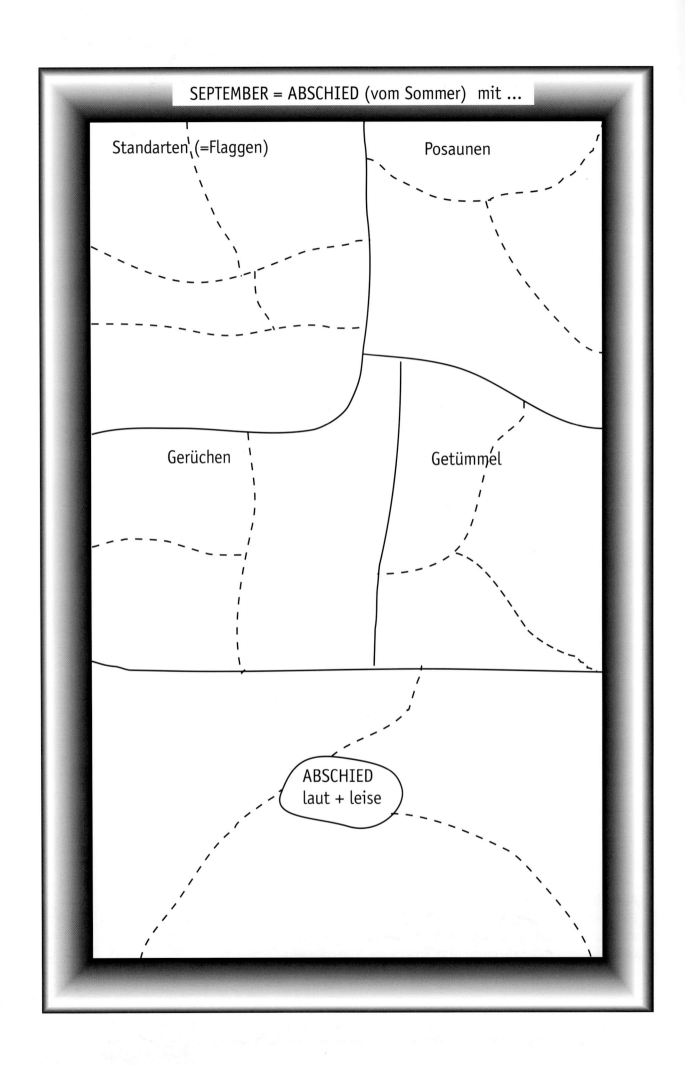

Gottfried Benn

Astern

Astern - schwälende Tage,
alte Beschwörung, Bann,
die Götter halten die Waage
eine zögernde Stunde an.

Noch einmal die goldenen Herden
der Himmel, das Licht, der Flor,
was brütet das alte Werden
unter den sterbenden Flügeln vor?

Noch einmal das Ersehnte,
den Rausch, der Rosen Du -
der Sommer stand und lehnte
und sah den Schwalben zu,

noch einmal ein Vermuten,
wo längst Gewißheit wacht:
die Schwalben streifen die Fluten
und trinken Fahrt und Nacht.

„Astern"[12] ist eines der bekanntesten Gedichte Gottfried Benns, 1936 erstmals veröffentlicht und inzwischen in vielen Lesebüchern abgedruckt. In einem für Benn typischen Tonfall aus Melancholie und Sehnsucht bietet es dem Leser Herbstassoziationen, wie sie sich dem Dichter wohl beim Anblick von Astern (vermutlich an einem wunderschönen sonnigen Herbsttag) aufgedrängt haben. Als herbstliche Blumen sind Astern in ihrem Aufblühen einerseits und andererseits im Zeitpunkt ihres Blühens so kurz vor dem farbarmen Winter sowie in der Tatsache, dass sie auch als Grabschmuck gern verwendet werden, ein Symbol für alles Werden (bzw. Sein) und Vergehen. Davon handelt auch Benns Gedicht in eindrucksvollen Bildern.

Der Autor präsentiert es uns in einer Form, in der auch wir unwillkürlich assoziieren, so dass der Rezeptionsprozess dem Entstehungsprozess entspricht. Ganz unvermittelt steht das Wort „Astern", vom übrigen Text durch einen Bindestrich abgetrennt, isoliert am Anfang der Zeile, und der Leser entdeckt es, als würde er der Blumen plötzlich in einem Beet oder in einer Vase gewahr. Dann folgen die Assoziationen des Autors, in den ersten beiden Versen der Strophen I und II jeweils syntaktisch verkürzt auf Substantive, die nur von Adjektiven begleitet werden, während die Verben fehlen. Dadurch erreicht Benn eine Art magische Unmittelbarkeit, die den Leser in ihren Bann zwingt. Diese Magie wird noch unterstützt von der Wortschöpfung *„schwälende Tage"* (Mischung aus Schwelen des Feuers und Schwären einer Wunde) und dem Assoziationsbündel, das sich daran knüpft, von dem Vokalzweiklang auf a/e in den ersten beiden Versen sowie von der inhaltlichen Steigerung und der Alliteration in den artikellos hintereinandergefügten Wörtern „Beschwörung, Bann". Als magisch erscheint auch, was an diesem wunderschönen Tag an der Nahtstelle zwischen Sommer und Herbst geschieht: „die Götter halten die Waage / eine zögernde Stunde an." Für eine *„zögernde Stunde"* scheint die Zeit stillzustehen zwischen dem *Schon* und dem *Noch nicht*. Die Waage wird neben dem Symbol der Astern zu einem zentralen Motiv des Textes, in dem sich die übrigen Motive bündeln. In der Waagschale des *Schon* finden sich die Phänomene, die noch ein letztes Mal erfahren werden: das sommerliche Licht (II,1f), „der Rausch, der Rosen Du -" (III,2), der personifizierte Sommer (III,3) und ein letztes Hoffen wider besseres Wissen (IV,1), während in der Waagschale des *Noch nicht* all jenes gewichtig wird, das Herbst und Verfall anzeigt: das „alte Werden" (das Leben, die Schöpfung schlechthin), das „unter den sterbenden Flügeln" eine noch nicht fassbare Veränderung ausbrütet (II,2f), das Sammeln der Schwalben (III,4), die Gewissheit der kommenden herbstlichen Veränderung (IV,2) und das Fortziehen der Schwalben, formuliert in einer Metaphorik, die auf das Vergessen aus der griechischen Mythologie anspielt (die Seele, die aus dem Unterweltsfluss Lethe trinkt, vergisst alles Irdische). Von der Stimmung her sind <u>alle</u> Verse des Gedichts in der Waage: die Verse 3,4,5,6,9,10,11 und 13 zählen zu den positiv gefärbten, während die Verse 1,2,7,812,14,15 und 16 eher negativ besetzt sind. In dem anaphorisch gebrauchten *„Noch einmal"*, das die drei letzten Strophen jeweils einleitet, halten sich Freude und Wehmut ebenfalls die Waage, denn „noch einmal" heißt eben auch „<u>*nur*</u> noch einmal". Aber auch in den *„schwälenden Tagen"*, der *„Beschwörung"*, im Brüten des *„alten Werden"* und im angelehnt schauenden Sommer liegt das Waagenhafte. Schwelt ein Feuer, schwären Wunden schon oder noch? Wird die Beschwörung gelingen? Was wird da gleich ausgebrütet? Wo lehnt der Sommer - doch wohl am Zaun und sieht herüber bzw. nach?

Es sind allesamt Situationen des *„Noch nicht, aber gleich"*. Gemeint ist auf der vorderen Ebene der Übergang vom Sommer zum Herbst. Auf der Folie darunter, darauf weisen vor allem die ersten beiden Verse der dritten Strophe hin (Sehnsucht, Rausch, Liebe), ist auch das Leben eines Menschen im Blick, der aus den sommerlichen Tagen seines Lebens in die herbstlichen kommt und sich mit Verfall und Tod vertraut machen muss. Das inhaltlich Ausgesagte findet in der Form seine optimale Entsprechung, wie ich dies z.T. schon oben gezeigt habe. Kreuzreim und regelmäßig abwechselnde weibliche und männliche Kadenzen entsprechen dem Motiv der Waage und dem Wechsel von Sommer auf Herbst. Der Rhythmus ist ab dem dritten Vers fließend, was dem Fortgang der Zeit entspricht, während der stockende Rhythmus der ersten beiden Verse formal den Versuch der Beschwörung wiederspiegelt. Entsprechend findet sich in den beiden letzten Strophen (bis auf den vorletzten Vers) ein klarer Jambus als Versmaß, während die ersten beiden Strophen Dreisilber enthalten, ein Umbruch, der einerseits wiederum das Waagenhafte unterstreicht und andererseits das Innehalten und den Fortgang auch in der Form einfängt. Ein genial komponiertes Gedicht. In seinem Marburger Vortrag über die *Probleme der Lyrik* sagte Benn 1951, dass auch die größten Lyriker nur sechs bis acht wirklich vollendete Gedichte hinterließen. Ich meine, „Astern" gehört in diese elitäre Auswahl.

Ein solch perfektes Gedicht sollten wir unseren Schülern nicht vorenthalten. Seine sprach-magische Wirkung erzielt es natürlich nur in seiner Gänze, und es mag fast als ein Sakrileg erscheinen, ausgerechnet so einen Text verstümmelt zu präsentieren. Aber gerade an so einem Text können unsere Schüler etwas über das „Verdichten" von Gedanken im sprachlichem Ausdruck und über die Faszination poetischer Sprache erfahren. Sie könnten dies in einem guten Gedichtvortrag erfassen, wenn sie alle motiviert und konzentriert und „andächtig" lauschten, wenn sie in einer Erwartungshaltung vor uns säßen, die sich eines bevorstehenden Hochgenusses gewiss ist.

Wer unterrichtet, weiß, dass man solch eine Haltung bei den meisten unserer Schüler (vor allem im Hinblick auf die Rezeption von Gedichten) nur im Konjunktiv darstellen kann. Deshalb wäre es meiner Ansicht nach hilfreich, wenn sich die Schüler diesem Text handlungsorientiert näherten, wenn sie selbst ausprobieren, verkosten sozusagen, welches Wort inhaltlich, rhythmisch und in seinem ganzen Sprachduktus am besten passt und trägt. Dazu erhalten sie das Gedicht in seiner nachfolgend (S. 73) bearbeiteten Form, verbunden mit dem Auftrag, aus den alternativ dargebotenen Einfüllwörtern dasjenige in den <u>Lückentext</u> einzusetzen, das ihrer Meinung nach am besten passt. Sinnvollerweise geschieht dies in Einzelarbeit. Die Auswertung erfolgt am Overheadprojektor. Zunächst sagen alle, für welches Wort sie sich jeweils entschieden haben und warum. Im Lückentext auf der Folie wird das Wort eingetragen, auf das man sich in der Klasse einigt. So entsteht neben den Einzelversuchen noch eine Klassenversion. Diese sowie ein paar Schülerversionen sollten dann als Ganzes vorgetragen und nach Sinn, Klang und Rhythmus beurteilt werden. Schließlich kann man das Original vollständig präsentieren. Durch ihre Arbeit sind die Schüler neugierig geworden, welche Begriffe der Autor verwendet hat. Jetzt wird sich beim Anhören guter Gedichtvorträge herausstellen, wie gut das Gedichtganze in der Wortwahl Gottfried Benns wirkt. Durch die eigenen Versuche und die Besprechung dieser Versuche haben sich die Schüler eine gewisse Beurteilungskompetenz erworben.

Bis zu diesem Punkt des Unterrichts werden die Schüler schon verschiedene sprachliche, formale und inhaltliche Aspekte angesprochen haben. Hier muss die/der Lehrende entscheiden, wie die Sache fortzusetzen ist. Es ist nicht ganz auszuschließen, dass die Schüler schwächerer Klassen hier immer noch nicht wirklich verstanden haben, worum es in diesem Gedicht geht, weil sie von der Überschrift her eher die Beschreibung einer Herbstblume erwarten als herbstliche Assoziationen, die durch den Anblick dieser Blumen ausgelöst werden. Dieses Unverständnis kann man konstatieren und, davon ausgehend, zunächst einmal die Symbolhaltigkeit der Astern klären. Jetzt kann man die weiteren Herbstmotive des Textes sammeln und einer positiven und einer negativen Assoziationsebene zuordnen lassen, wodurch deutlich wird, dass sich beide Ebenen die Waage halten und so dem zentralen Motiv der Waage entsprechen. Die Betrachtung der Form schließt sich an, und auch hier wird das Waagenhafte bzw. die Ambivalenz, die das ganze Gedicht atmet (s.o.), herausgestellt.

Denkbar wäre eine weitere Fortführung auf der Ebene des *kreativen Schreibens*. Im Klassenverband (oder in der Gruppe) kann man Herbstmotive sammeln. Dann wird den Schülern die (freiwillige) Hausaufgabe erteilt oder während der Unterrichtsstunde Zeit eingeräumt, selbst einige Assoziationen um eines oder mehrere dieser Motive gedichtartig darzustellen. Wer will (gegebenenfalls bedarf es da einiger Ermunterungen), darf seinen Text in der Runde vorlesen, denn ein Textvortrag vor Publikum gehört nun einmal zur Textproduktion dazu. Schließlich werden die Schülertexte auf ein Plakat geklebt und im Klassenzimmer ausgestellt. Vielleicht kann man ein paar auch in der Schülerzeitung abdrucken oder alle am Ende des Schuljahres in ein Heft aufnehmen, zusammen mit all den anderen Text- oder Bildproduktionen, die im Laufe der Monate entstanden sind - eventuell als fächerübergreifendes Projekt Deutsch/Kunst.

Eignung: Zehnte Klasse und höher (frühestens in einer guten neunten Klasse, da die Behandlung des Gedichts sinnvollerweise am Anfang des Schuljahres zum Herbstbeginn erfolgen sollte).

Gottfried Benn
Astern

Astern – .... Tage,
alte ...., Bann,
die Götter halten die ....
eine .... Stunde an.

.... die goldenen Herden
der Himmel, das Licht, der Flor,
was .... das alte Werden
unter den .... Flügeln vor?

.... das Ersehnte,
den Rausch, der Rosen Du –
der .... stand und lehnte
und sah den .... zu,

.... ein Vermuten,
wo längst .... wacht:
die .... streifen die Fluten
und .... Fahrt und Nacht.

zu Strophe 1:
*goldene schwälende kürzere herbstliche
Beschwörung Verführung Vergnügung
Tage Waage
kurze zögernde winzige*

zu Strophe 2:
Noch einmal Nie wieder Für immer

*schüttelt fördert brütet
brüchigen sterbenden wackligen*

zu Strophe 3:
Noch einmal Nie wieder Für immer

*alte Mann Sommer junge Mann
Rosen Blumen Schwalben*

zu Strophe 4:
*noch einmal nie wieder für immer
Sicherheit Gewißheit das Wissen
Rosen Blumen Schwalben
spüren fühlen trinken genießen*

> Bei dem folgenden Gedicht von Gottfried Benn (linke Blatthälfte) sind einige Wörter herausgebrochen worden. Du findest sie unten zusammen mit anderen an dieser Stelle denkbaren Wörtern aufgelistet. Wähle für jede Zeile den Ausdruck aus, der deiner Meinung nach am besten in die Lücke passt!

Hilde Domin

Unaufhaltsam

Das eigene Wort,
wer holt es zurück,
das lebendige
eben noch ungesprochene
Wort!

Wo das Wort vorbeifliegt
verdorren die Gräser,
werden die Blätter gelb,
fällt Schnee.
Ein Vogel käme dir wieder.
Nicht dein Wort,
das eben noch ungesagte,
in deinen Mund.

Du schickst andere Worte
hinterdrein,
Worte mit bunten, weichen Federn.
Das Wort ist schneller,
das schwarze Wort.

Es kommt immer an,
es hört nicht auf,
anzukommen.
Besser ein Messer als ein Wort.
Ein Messer kann stumpf sein.
Ein Messer trifft oft
am Herzen vorbei.
Nicht das Wort.

Am Ende ist das Wort
immer
am Ende
das Wort.

In Hilde Domins Gedicht „Unaufhaltsam"[13] meint *„das schwarze Wort"* das verletzende, das Menschen zutiefst verwunden, aus der Bahn werfen, vernichten kann. Wie in einem Prolog stellt die erste Strophe fest, dass ausgesprochene Worte (besser: Äußerungen) nicht zurückgeholt werden können. Die zweite Strophe zeigt, dass die Autorin negative Äußerungen meint. Eine Reihe von Naturmetaphern macht deutlich, dass sie Leben (Menschenleben, lebendige Beziehung...) zerstören („verdorren die Gräser,/werden die Blätter gelb") und ersticken („fällt Schnee"). Der Vergleich im zweiten Teil dieser Strophe unterstreicht noch einmal die These aus Strophe I: Selbst ein Vogel (= Inbegriff von Freiheit) käme eher zurück als das einmal ausgesprochene Wort. Nun gut, dann wird man das einmal Gesagte, sofern es sich als zu hart, als falsch erweist, doch wenigstens abmildern können: So war das doch gar nicht gemeint! Man wird sich doch entschuldigen, die Sache ins Reine bringen können. Nichts da! Die dritte Strophe weiß von Situationen, in denen *„das schwarze Wort"* ganze Vernichtungsarbeit getan hat und von den Worten „mit bunten, weichen Federn", von den Worten der Entschuldigung, den Bitten nach Vergebung nicht mehr eingeholt wird. Eine gekittete Beziehung ist (zumindest für lange Zeit) nicht mehr dieselbe wie vorher; sie ist wie eine vernarbte Wunde: verheilt, aber sichtbar. Auch die Illusion, eine vernichtende Äußerung könnte ihr Ziel nicht erreichen, ein zweiter denkbarer Ausweg, zerstört die Autorin gnadenlos: *„Es kommt immer an"*. Wenn nicht direkt, dann durch Zuträger. Wenn nicht gleich, dann später. Es kommt nicht nur immer ans Ziel, sondern *„es hört nicht auf,/anzukommen."* Immer wieder wird es dem Verletzten in den Sinn kommen, immer wieder wird es eine Enttäuschung, einen Verrat, eine Entlarvung oder eine Zurückweisung aktualisieren. Bei jedem Denken an den Verursacher, bei jeder Begegnung mit ihm wird die vernichtende Äußerung da sein, so sehr man sich auch um Vergebung und Wiedergutmachung bemüht. Die Narbe bleibt. Und noch einmal macht ein Vergleich in dieser vierten Strophe deutlich, welch mörderisches Instrument das Wort sein kann: „Besser ein Messer als ein Wort." Beschwörend, ja magisch klingt dieser Mittelvers in Strophe IV mit seinem harten Binnenreim. Viele Menschen sind durch ein Messer schon schwer verwundet, viele tödlich verletzt worden. Ein böses Wort sollte schlimmer sein? Die Begründung folgt in den letzten Zeilen dieser Strophe bzw. ist in den ersten drei vorangestellt: *„Ein Messer kann stumpf sein"* oder sein Ziel verfehlen; die verletzende Äußerung dagegen erreicht ihr Ziel, und sie ist kein kurzer Stich, dessen Schmerz vorübergeht, sondern sie sorgt für eine ständig schwärende Wunde.

Wie ein rätselhafter Epilog erscheint die letzte Strophe. Die Aussage wirkt durch die Wiederholung sehr intensiv, und sie wirkt bedrohlich (wie überhaupt die Stimmung im ganzen Gedicht düster und beklemmend ist), aber sie ist in ihrer Bildlichkeit nicht eindeutig fassbar. Ich sehe darin den bewussten Gegensatz zum Anfang des Prologs im Johannesevangelium: *„Im Anfang war das Wort, und das Wort war bei Gott, und das Wort war Gott."* (Joh 1,1) Gemeint ist das Schöpferwort, aus dem alles Seiende kommt, Gottes Ratschluss, der die Schöpfung bewegt, das Wort, mit dem er zu seiner Schöpfung steht, Jesus Christus, in dem nach christlichem Glauben Gott selbst Mensch, das Wort Fleisch geworden ist. Es ist somit all das, was uns Rettung und Heil verheißt, der schiere Gegensatz zu dem vernichtenden Wort, von dem das Gedicht Hilde Domins handelt. Wie das Schöpferwort Gottes alles Leben schafft, durchdringt und am Leben hält, so kann „das schwarze Wort" seines „Abbildes" (Gen 1,26f), des Menschen also, Leben und lebendige Beziehungen zerstören.

Die Unbarmherzigkeit des Vorgangs spiegelt sich in der düsteren Ausweglosigkeit, die uns das Gedicht vor Augen stellt. Welch bittere Erfahrung, so sollte man meinen, muss diesen Text auf den Weg gebracht haben. Die Autorin selber sagt, dass sie sich an den Schreibanlass nach etwa 30 Jahren nicht mehr erinnern könne.[14] Aber

sie berichtet von einer Abiturientin, der sie dieses Gedicht im Rahmen einer Schullesung vorgetragen hat. Kurz darauf verletzte diese ihre Mutter zutiefst, und in ihrer Hilflosigkeit las sie erneut dieses „Unaufhaltsam". Jetzt las sie es mit einem existentiellen Bezug. Das Gedicht half ihr zunächst, das Ausmaß dessen, was sie angerichtet hatte, so recht zu begreifen, und die erste Reaktion war Verzweiflung. Dann aber regte sich der Widerspruch; mit der Feststellung der Unabänderlichkeit wollte und konnte sie sich nicht abfinden. Sie legte den Text ihrer Mutter vor und bat sie darum, in ihrer Beziehung die Textaussage keine schreckliche Wahrheit werden zu lassen. Es kam zur Versöhnung. Aus dieser Erfahrung schrieb die Abiturientin den Schluss des Textes um. Vielleicht tut dies so manch ein Lyrikleser, zumindest in Gedanken. Sie aber schickte ihn samt Hintergrundgeschichte an die Autorin. Er lautet:
Zeit / braucht sie, / die Wunde; / Zeit und Zärtlichkeit, um zu / heilen. / Das verdorrte Gras braucht / Zeit /
und die behutsame Hand des Gärtners. / Auch die Bäume werden / erst im Frühling wieder grün. / Doch dann /
- erst zögernd zwar - / schmilzt der Schnee / unaufhaltsam.[15]

Interessant ist auch die Beobachtung der Autorin nach einer Lesung in Bremen, wo „ein kleiner Junge, vielleicht nicht einmal zehnjährig, beim Signieren zu seiner Mutter sagte:'Das mit dem schwarzen Wort, das soll sie in das Buch schreiben.' (Dieser Sohn hat sich, durch Zufall hörte ich es, längst von seiner Familie getrennt.)"[16]
Das Umschreiben von Texten kann also tatsächlich einem Bedürfnis unserer Schüler entsprechen. Natürlich ist das mit der Schulsituation so eine Sache. Nicht jeder Schüler ist an diesem Dienstag, in dieser dritten Stunde, da ihnen der Deutschlehrer diesen Text vorlegt, in gleicher Weise davon berührt. Die wenigsten (hoffentlich keiner) werden eine derartige Erfahrung schon einmal gemacht haben. Aber die unbarmherzige Auswegslosigkeit, die der Text vor Augen stellt, fordert zum Widerspruch geradezu heraus. Wer könnte leben mit so einer Schuld, in solcher Unversöhnlichkeit? Das werden die Schüler auch in der Schulsituation begreifen und die Aufgabe, den Schluss umzuschreiben, gerne angehen.

Dem Textvortrag folgt ein Gespräch über den Text, das klärt, was mit dem „schwarzen Wort„ gemeint ist und dass alle Bilder und Vergleiche des Textes die tödliche Treffsicherheit des vernichtenden Wortes aussagen. Wenn die Schüler nicht schon in ihren Spontanäußerungen darauf abheben, kann man über die Stimmungsanalyse in dieses Gespräch einsteigen. Die führt schnell zum „schwarzen Wort„ und zu dem, was es bewirkt. Am Ende steht die Feststellung, dass man in Unversöhnlichkeit nicht auf Dauer unbeschadet leben kann, weshalb Versöhnung zwingend notwendig ist. Nun folgt die Aufgabe, zum Schluss dieses Textes einen *Gegentext* zu verfassen.
In der Besprechung der Schülerergebnisse sollten oberflächliche Lösungen als solche angesprochen und herausgearbeitet werden, dass Verletzungen, wie Domin sie meint, lange schwärende Wunden bleiben, die nur durch Ausdauer und Verlässlichkeit, durch den langwierigen Neuaufbau von Vertrauen wirklich geschlossen werden können. Schließlich wird ein Plakat gestaltet mit dem Autorentext in der Mitte und den Gegentexten drumherum.
Ich habe dieses Gedicht in einer guten *achten* Klasse behandelt. Einige Schülerbeispiele:

Unaufhaltsam

...

Du schickst andere Worte hinterdrein,
Worte mit hellen und warmen Lichtern.
Aber es bleibt Nacht.
Es kommt immer an,
das schwarze Wort.
Es trifft immer ins Herz,
verletzt und hinterläßt eine große Wunde.
Das schwarze Wort wird vorerst
nicht vergessen.
Wo es trifft, bleibt es Winter.
Aber die bunten und weichen Worte
können die Wunden heilen.
Sie können das schwarze Wort
letztlich verdrängen.
Sicher, es dauert oft Jahre,
fordert Mühe und viel Geduld,
um das Vertrauen zueinander
wiederherzustellen.
Aber das schwarze Wort
muß doch irgendwie
zu vergessen sein.
Es muß eine Versöhnung geben.
Oder ist das schwarze Wort
wirklich UNAUFHALTSAM?

Tina V.

Aufhaltsam

...

Das Wort ist schneller,
das schwarze Wort.
Es kommt immer an.
Doch die bunten Wörter bedecken es,
das schwarze Wort.
Das verletzende Wort verschwindet,
kommt nur manchmal noch
ins Gedächtnis.
Das zerrissene Band der Freundschaft
wird erneut verknüpft.

Am Ende ist das Wort,
das heilende Wort,
das Versöhnung und neue Freundschaft
ermöglicht.

Anja M.

Unaufhaltsam

...

Es kommt immer an,
doch du kannst versuchen,
dagegen anzukämpfen
oder zu verzeihen -
aber nur wenn du den Willen hast,
denn wo ein Wille ist,
ist auch ein Weg.

Am Anfang schmerzt es,
das schwarze Wort.
Doch es kann heilen,
wie alle Wunden heilen können -
wenn du es willst.
Aber vergiß nicht,
daß das nicht von heute auf morgen geht.
Du brauchst Zeit und viel Geduld
wie bei einem gebrochenen Bein,
das langsam wieder zusammenwächst.

Am Ende kann alles gut werden -
oder auch nicht,
das hängt allein von dir ab.

Katja W.

Unaufhaltsam

...

Du schickst andere Worte hintendrein,
geschmückt mit bunten, weichen Federn.
Worte, die alles entschuldigen wollen,
Worte, in denen Hoffnung steht.

Das Wort ist schneller, das schwarze Wort.
Es trifft ins Herz, sticht wie ein Messer.
Es steht zwischen euch,
scheint nie zu verschwinden.

Doch langsam werdet ihr reden.
Reden darüber, wie tief der Schmerz sitzt.
Reden darüber, wie groß der Riß ist
zwischen euch.
Reden mit Worten, die alles heilen lassen,
die nichts mehr einholt.
Denn reden läßt das schwarze Wort
verblassen.

Simone B.

Versöhnung

...
Worte mit bunten weichen Federn.
Diese Federn sollen
das schwarze Wort verdrängen.

Es kommt immer an,
das gute Wort.
Besser ein gutes Wort
als ein Messer.
Ein Messer kann tödlich sein.
Aber ein Wort kann versöhnen.

AM ENDE SIEGT IMMER DAS GUTE WORT!!!

Stephanie G.

Versöhnung

...
Du schickst andere Worte hintendrein,
Worte mit bunten, weichen Federn.
Das gute Wort ist hoffentlich schneller.

Du hoffst, es kommt an und
schaltet das schwarze, schlechte Wort aus.
Besser ein gutes Wort
als noch mehrere schlechte Wörter.
Ein gutes Wort kann ins Herz treffen
und versöhnen.

Am Ende ist hoffentlich die Versöhnung
ein neuer Anfang!

Alexander B.

Sind Worte Worte?

Mein eigenes Wort, wer holt es mir
zurück, das lebendige, eben
noch ungesprochene Wort?
Wo es vorbeifliegt, verdorren Gräser,
werden die Blätter gelb, fällt Schnee.
Ein Vogel käme mir wieder.
Nicht mein Wort.
Versuch mich zu verstehen!
Du weißt selbst, daß soviel geschieht,
das sich nur schwer wieder
in Ordnung bringen läßt.
Dann ist etwas in mir verletzt.
Wie eine offene Wunde,
die nie mehr heilen will,
die an meinen Nerven zerrt,
bis ich fast zerspringe.
Dann brauche ich jemanden,
an den ich mich wenden kann,
dem ich vertrauen kann,
der meinen Schmerz lindert.
Laß uns offene Gespräche über
Vergebung führen
und nicht nur versuchen,
immer größere Pflaster über
offene Wunden zu decken.
Du kommst mir dann vor wie einer
der die Hand auf die Schmerzen legt
und sagt: Laß die Wunden heilen!

Judith B.

Einige Schülerinnen haben den Text schon weiter oben verändert oder einen Gegentext geschrieben, der sich nur noch grob an der Vorlage orientiert und einem eigenen Duktus folgt:

Unaufhaltsam

...
Ehe du dich versiehst
kommt es an,
das oft nicht recht bedachte
schwarze Wort.

Der Frühling geht
und der Winter kommt,
bringt Kälte in das Herz,
den Tod.

Du schickst andere Worte hintendrein,
leichte, nicht vom Haß getragene,
Worte mit bunten, weichen Federn.
Doch das Vertrauen ist gebrochen.
Verzweifelt baust du Brücken der Liebe,
tief aus deinem Herzen heraus.
Es kommt alles an,
es hört nicht auf anzukommen.

Am Ende ist eine Brücke
neuen Vertrauens,
noch schwach, aber
dennoch begehbar.
Die Zeit und der gute Wille
werden sie stärken,
und das schwarze Wort
wird für immer gehen.

Vera G.

Ich kann verzeihen

Das eigene Wort,
wer holt es zurück?
Du hast aus Wut
etwas zu mir gesagt,
was mich verletzt hat.
    Wo das Wort vorbeifliegt,
    verdorren die Gräser,
    werden die Blätter gelb,
    fällt Schnee.
Ich weiß nicht, wie ich
auf das reagieren soll,
was du da eben gesagt hast.

Du schickst andere Worte
hinterdrein,
Worte mit bunten, weichen Federn.
Du willst mir sagen,
du hast es nicht so gemeint,
was du da eben gesagt hast.
    Das Wort ist schneller,
    das schwarze Wort.
    Aber es darf nicht bleiben!
    Nein, nicht bei uns.
    Ich weiß, du hast es
    nicht so gemeint.

Ich kann dir verzeihen

Conny S.

Bei diesen Schülerarbeiten handelt es sich im übrigen um *Erstversuche*. Nie zuvor haben sie derartiges im Deutschunterricht probiert. Dafür, so meine ich, sind das schon recht passable Ergebnisse. Natürlich erreichen sie in keiner Weise die Qualität der Originalverse. Noch nicht einmal an die oben zitierten Zeilen der Abiturientin, die die Naturmetaphern der Autorin geschickt aufgenommen und fortgesetzt hat, kommen sie heran. *Aber das ist ja auch gar nicht der Sinn der Sache.* Wir wollen keine Dichter ausbilden (obwohl es ein schöner Nebeneffekt wäre, wenn wir auch nur eine Winzigkeit dazu beitrügen), sondern wir sind Didaktiker. Als solche stellen wir unseren Schülerinnen und Schülern Situationen bereit, in denen sie sich kreativ entfalten, neben ihrem Wissen auch ihr Gefühl, ihre Lust am Fabulieren, ein Stück von sich selbst einbringen können. Dass dies gelungen ist, zeigen die Schülertexte allemal. Sie sind ein jeweils ganz persönlicher Ausdruck des Widerspruchs: Versöhnung muss möglich sein! In gescheiterten, unversöhnlichen Beziehungen kann man nicht leben! Ohne dass zum Formalen großartige Vorarbeit geleistet worden wäre, haben die Schülerinnen und Schüler z.T. intuitiv literarische Gestaltungselemente aufgegriffen, z.B. Wiederholungen eingebracht, Vergleiche, Sprachspiele (Alexander), sogar die Naturmetaphern der Autorin aufgenommen (Tina u. Vera), wenn auch nicht ganz so trefflich dem Original angepasst, wie dies der Abiturientin gelungen ist. Da gibt es noch Ungereimtheiten wie in dem Text von Judith, in dem die Perspektive nicht ganz klar erscheint: Wer spricht? Der Verletzte? Der Verletzer? Und dennoch ist dieses Gedicht ein gültiger Gestaltungversuch jenes Aufbegehrens, um das es hier geht und nicht einmal ein schlechter.

Bei diesem Versuch war auch festzustellen, dass die Mädchen bessere Ergebnisse erzielten. So ist es kein Versehen oder eine oberflächliche Auswahl von mir, dass unter den neun zitierten Schülertexten nur einer von einem Jungen stammt. Schließlich werden jedoch alle Texte, die sehr guten ebenso wie die weniger gelungenen, als persönlicher Ausdruck gleichwertig um den Autorentext gruppiert und im Klassenzimmer ausgestellt. Ein Qualitätsurteil mag jeder Leser selbst fällen, das ist bei unserer Zielsetzung sekundär.

Eignung: Klasse 8 bis 10 und höher

James Krüss
Das Königreich von Nirgendwo

Das Königreich von Nirgendwo
Liegt tief am Meeresgrund.
Dort wohnt der König Sowieso
Mit Niemand, seinem Hund.

Die Königin heißt Keinesfalls.
Sie ist erstaunlich klein.
Hat einen langen Schwanenhals
Und sagt beständig: Nein!

Und Keiner ist der Hofmarschall.
Er trinkt gern süße Luft.
Sein Haus (gleich neben Niemands Stall)
Besteht aus Kieselduft.

Die Köchin Olga Nimmermehr,
Die wohnt in Keiners Haus.
Sie putzt und werkelt immer sehr
Und kocht tagein, tagaus.

Am liebsten kocht sie Grabgeläut.
Mit Seufzern fein gemischt.
Das wird am Schloß zu Keinerzeit
Meist Niemand aufgetischt.

Oft macht die Katze Niemals hier
Zu Keinerzeit Tumult.
Dann sorgt sich Keiner um das Tier,
Und Niemand kriegt die Schuld.

Man schimpft ihn tüchtig aus und läßt
Ihn prügeln noch und noch.
Für Nimmermehr gibt's Hausarrest,
Und keiner muß ins Loch.

Doch meist ist König Sowieso
Sehr friedlich und human.
Drum liebt im ganzen Nirgendwo
Ihn jeder Untertan.

Ich selber ging mal seinerzeit
Zu einer Zeit im Mai
(Man tat so was zu meiner Zeit)
An Keinerzeit vorbei.

Das Meer war still. Und Keiner stand
Am Zaun, nach mir zu schaun.
Schloß Keinerzeit lag linker Hand
Und Niemand rechts am Zaun.

Das Königreich von Nirgendwo
Liegt irgendwo am Grund.
Dort wohnt der König Sowieso
Mit Niemand, seinem Hund.

„Das Königreich von Nirgendwo" von James Krüss ist ein vergnügliches Beispiel lyrischen Humors, das Hermann Helmers unter die Lügengedichte einordnet.[17] Es stammt aus dem Buch „Mein Urgroßvater und ich"[18], das von dem zehnjährigen Boy erzählt, der wegen einer ansteckenden Krankheit seiner beiden Schwestern für sieben Tage bei seinem Urgroßvater einquartiert ist, einem alten Seebären, der dem Jungen Geschichten erzählt und ihn zum „Versedrechseln" anhält.

Am fünften Tag sagt der Urgroßvater: „Wir wollen jetzt einmal beweisen, dass Dichter Schöpfer sind. Wir wollen aus nichts etwas machen... Indem wir den Wörtern, die nichts bedeuten, einfach eine Bedeutung geben ... Zum Beispiel nehmen wir die Wörtchen *keiner* und *niemand* und tun so, als hießen irgendwelche Leute so."[19]

Nach dieser Zielvorgabe gestaltet Boy sein Gedicht „Das Königreich von Nirgendwo" in elf jeweils vierzeiligen Strophen. Es stellt dieses märchenhaft-merkwürdige Königreich des Königs „Sowieso" vor, das irgendwo im „Nirgendwo" liegt, also ausgewiesenermaßen nicht real existiert, sondern Phantasiegebilde ist.

Die erste und letzte Strophe sind bis auf die Variation im zweiten Vers identisch und wirken wie ein Rahmen um das heitere Bild, das hier gezeichnet wird. In den Strophen dazwischen wird der Hofstaat des Königs vorgestellt; der Rest des Volkes taucht nur summarisch in der achten Strophe auf. Phantasievoller Witz lacht nahezu aus jeder Silbe des Gedichts. Zunächst ist es - entsprechend der Vorgabe - witzig wegen der Namen, die (bis auf den des Königs, der sich ja vom Volk abheben muss!) alle Verneinungen darstellen. So heißt der Hund „Niemand", die Königin „Keinesfalls", der Hofmarschall „Keiner", die Köchin „Olga Nimmermehr" (sie hat des Rhythmus' wegen als einzige einen Vornamen), die Katze „Niemals", und das Schloss im Königreich „Nirgendwo" heißt konsequenterweise „Keinerzeit".

Es bleibt jedoch nicht bei dieser lustigen Benennung, sondern witzig wirkt auch das Verwirrspiel, das sich durch die entsprechende syntaktische Verwendung dieser Namen ergibt, vor allem wenn man den Text nicht selbst liest, sondern nur hört. So heißt es in Strophe V vom Essen der Köchin: „Das wird am Schloß zu Keinerzeit / Meist Niemand aufgetischt." Wenn man nicht **sieht**, dass „Keinerzeit" und „Niemand" groß geschrieben und dadurch als Namen erkennbar sind, so lautet diese Aussage, dass dieses Essen, das mit „Grabgeläut" und „Seufzern" ohnehin nur aus Zutaten der Phantasie besteht, *nie irgend jemandem* vorgesetzt wird. In den Strophen VI und X sowie in VII,4 wirkt das gleiche Prinzip. Selbst wenn man beim Hören die Verneinungen als Namen erfasst hat, wirken diese Formulierungen als lustige Irritation.

Auch inhaltliche Aspekte sind witzig. Dass der König da in erster Linie mit seinem Hund wohnt und die Königin erst nachrangig erwähnt wird, mag zunächst eine Konsequenz des Reimzwangs gewesen sein (Grund / Hund); aber diese Rangfolge wirkt nun einmal ebenso komisch wie die ungerechte Schuldzuweisung (Verwechslung) in den Strophen VI und VII und die Eigenarten der Personen und Gegenstände. Die Königin „ist erstaunlich klein, / Hat einen langen Schwanenhals / Und sagt beständig: Nein!"; der Hofmarschall „trinkt gern süße Luft", und „Sein Haus ... / Besteht aus Kieselduft", und die Köchin kocht und „putzt und werkelt" in pausenloser Unrast. Lustig wirken auch Wörter wie „werkelt" oder „Tumult" sowie die schnoddrige Formulierung „Und Keiner muß ins Loch" und die Sprachspiele in Strophe IX (s.u.) und X,3f.

Ein weiteres komisches Element wirkt im klanglichen Bereich. Die Rede ist von Strophe IX, die schon dadurch auffällt, dass hier zum ersten Mal das lyrische Ich als Erzähler auftritt (das sich dann nur noch einmal in der zehnten Strophe zeigt). Sie erscheint in einer auffallenden klanglichen Dichte, was der Autor durch das Zusammenspiel mehrerer Komponenten erreicht. So weist diese Strophe zusätzlich zum Endreim im zweiten und vierten Vers je einen sogenannten Mittenreim auf, der jeweils mit den Endreimen in den Versen eins und drei reimt. Außerdem kommt das sprachspielerische Element hinzu, das durch die geringfügige klangliche Variation (seinerzeit – einer Zeit – meiner Zeit – Keinerzeit) entsteht. Und schließlich wirkt noch das Lautgewebe, bei dem nahezu ausschließlich helle Vokale (i, e, a) und vor allem der Diphthong ei/ai das heitere Gepräge geben.

Insgesamt ist der Rhythmus der durchgehend jambischen und im Kreuzreim gefassten Verse fließend, aber in dieser neunten Strophe kommt er besonders flott ins Laufen. Um so größer ist der Gegensatz zur folgenden Strophe X, wo der Rhythmus eher verhalten ist, entsprechend der Eingangsfeststellung „Das Meer war still", der die Zäsur in der Zeilenmitte folgt. Die ganze Strophe zeigt ein Erinnerungsbild, über dem ein Hauch von Wehmut liegt, klanglich geprägt durch die Vokale o und u sowie durch den Diphthong au, der im Binnenreim des zweiten Verses und in den Endreimen des zweiten und vierten Verses dieser Strophe und damit an herausragenden Stellen „den Ton angibt". Doch dieses eher nachdenkliche Element stört keineswegs im Gedichtganzen. Es hebt die Leichtigkeit und die Heiterkeit der übrigen Verse nur noch deutlicher hervor.

Vielfach beklagen wir die mangelnde Phantasie unserer heutigen Schüler, und es spricht vieles dafür, dass das Fernsehen mit seinen bequem konsumierbaren Bildern eine der wesentlichen Ursachen für diese Verarmung darstellt. Eine weitere wichtige Ursache ist sicher in dem Umstand zu sehen, dass heute in den Familien kaum noch erzählt wird, weil die Arbeits- und Lebensumstände sich in den letzten Jahrzehnten grundlegend geändert haben, oft beide Eltern arbeiten, die Großeltern nicht mehr im Haus (vielleicht sogar weit weg) leben und weil der Zeitgeist die flachen Geschichten der Fernsehserien als interessanter erscheinen lässt als die „Stories der Alten". Dabei ist die Fähigkeit, Phantasie zu entwickeln, grundsätzlich natürlich auch bei unseren heutigen Schülerinnen und Schülern vorhanden. Sie muss nur geweckt, gefordert und gefördert werden - und genau das ist unter anderem Aufgabe der Schule. Dieses Krüss-Gedicht ist Phantasie pur. Ein wahres Feuerwerk von Einfällen, die spürbare Lust am Fabulieren und am Spiel mit der Sprache kann auf unsere Schülerinnen und Schüler ansteckend wirken, erst recht wenn wir ihnen im Rahmen eines handlungs- und produktionsorientierten Deutschunterrichts gleich die Gelegenheit zu eigenem Gestalten bieten.

Nach meinen Erfahrungen mit diesem Text drängt es die Schüler sogleich nach dem Lesevortrag der/des Lehrenden zu Spontanäußerungen, die sich mit dem Witz dieses Gedichts beschäftigen. Und wo Klassen etwas zurückhaltender reagieren, wird spätestens auf die Frage „Ihr habt gelacht (euch köstlich amüsiert). Warum?" ein Schwall von Antworten losbrechen, so dass die/der Lehrende mit dem Tafelanschrieb gar nicht mehr nachkommt. Das Sprechen über das Witzige an diesem Text scheint mir einem so großen Bedürfnis bei den Schülern zu entsprechen, dass ich es einem Produktionsauftrag vorschalten würde. Der nächste Schritt besteht im Austeilen der Textblätter und im nochmaligen Lesevortrag, der abermals vom Lehrenden oder von Schülern gestaltet werden kann. Die lustigen Namen sind sicher schon in den Spontanäußerungen zur Sprache gekommen. Jetzt kann man sie noch einmal herausschreiben, ihren Trägern zuordnen und ihre Gemeinsamkeit bestimmen lassen (Verneinungen). Außerdem lässt man die Schüler die Textstellen unterstreichen, an denen beim Hören die Namen mit Indefinitpronomen oder einem Zeitadverb verwechselt werden können, um ein weiteres lustiges Element herauszuarbeiten oder es zu bestätigen, falls es bei den Spontanäußerungen bereits genannt worden ist. Schließlich kann man sich darüber unterhalten, warum ein Autor einen solchen Text schreibt (Spaß am Fabulieren, am

Erfinden, Freude am Witz, Spaß für den Leser...) und etwas vom Kontext dieses Gedichts einbringen: das Buch kurz vorstellen und zum Lesen empfehlen (Deutscher Jugendbuchpreis!) und die Motivation des Großvaters (Dichter = Schöpfer) mitteilen.

- Wenn die Schüler den Tafelanschrieb ins Heft übernommen haben, kann man zum (nach)gestaltenden Teil übergehen. Zum einen könnte man das *Schloss und seine Bewohner bildlich darstellen* lassen. Dabei kann jeder ein solches Bild malen. Es kann aber auch auf großen Plakaten in Gruppenarbeit entstehen, wobei einer das Schloss zeichnet oder aus farbigem Tonpapier ausschneidet und andere den Meereshintergrund und die Figuren gestalten. Am Schluss fügt man die Einzelteile in jeder Gruppe zu einer Collage.
- Zum anderen kann man *ein Parallelgedicht gestalten* lassen, das sich nicht reimen muss.
- Es könnte auch ein kurzer Prosatext geschrieben werden, der thematisch die Parallele ausweist. Das Thema könnte beispielsweise lauten „Die Schule von Phantasia", und die Schüler beginnen ihre Arbeit mit der Überlegung, welches Personal eine solche Schule bevölkert (Rektor/in, Konrektor/in, Lehrer/innen in den verschiedensten Fächern, Schülersprecher/in, Schüler/innen in den verschiedensten Klassen, Sekretärin, Hausmeister, Putzfrauen...) und wie die alle heißen sollen, wo die Schule liegt und wie die heißt. Und wenn einige sich nur lustige Namen ausdenken, die sie nicht zu einer pfiffigen Geschichte in Vers- oder Prosaform verbinden können, ist auch schon etwas gewonnen.
- Die Texte werden im Stuhlkreis vorgelesen und schließlich, um den Originaltext drappiert, auf einem großen Plakat im Klassenzimmer ausgestellt.
- Natürlich kann man auch beide Produktionsaufträge hintereinander stellen (vielleicht auch das eine als Hausaufgabe, das andere im Unterricht); sie ließen sich aber auch arbeitsteilig parallel realisieren, und die Schüler könnten sich je nach Lust für das eine oder andere entscheiden. Schließlich wäre das Umsetzen des Textes ins Bild im fächerverbindenden Sinne auch eine Aufgabe für das Fach Kunst.

Auch hier kann ich ein paar Textbeispiele meiner Fünftklässler präsentieren. Es handelt sich um sehr aufgeschlossene und begeisterungsfähige Schülerinnen und Schüler, die leistungsmäßig zur Zeit noch Durchschnitt darstellen, obwohl da erkennbar noch ein Potential schlummert. Wir hatten zuvor das Froschkönigmärchen zum Hörspiel umgearbeitet, aber mit Paralleltexten haben es diese Schüler/innen bei dem Krüss-Text zum ersten Mal versucht. Einige haben tatsächlich nur Namen ausgedacht; aber die deutliche Mehrheit hat sich um Geschichten in Vers oder Prosa bemüht und dabei nach eigenem Bekunden ordentlich Spaß gehabt. Im Text von Michael und Jens wird an den Übernahmen deutlich, welche Textstellen ihnen im Original besonders gefallen haben. Natürlich haben wir im Gespräch klargestellt, dass der Vierzeiler um *seinerzeit/einer Zeit* in diesem Kontext nicht passt. Nachbessern gehört auch dazu - wie bei den „richtigen" Autoren!

Eignung: Klassen 4 bis 6.

Die Schule von Phantasia

Die Schule von Phantasia
steht oben in des Himmels Weiten..
Dort herrscht der Rektor Hinke Hand
mit Zwiebelkopf, der Konrektorin.
Lahme Hand ist Sekretärin.
Sie ist schon ziemlich alt,
hat noch erstaunlich hübsche Beine
und sagt beständig: Haaaalt!!!
Die Kioskfrau heißt Schnellgemacht,
die kocht in Zwiebelkopfs Haus.
Sie putzt und werkelt immer sehr,
schmiert Brötchen tagein, tagaus.
Am liebsten kocht sie heiße Würste,
mit scharfem Senf gemischt.
Das wird zur Pause dann mit Schwung
hungrigen Schülern aufgetischt.
Meist ist der Rektor Hinke Hand
sehr friedlich und human.
Drum liebt auch in der ganzen Schule
ihn jeder Untertan.
Ich selber ging schon seinerzeit
zu einer Zeit im Mai
(man tat so was zu meiner Zeit)
an Keinerzeit vorbei.
Die Luft war still. Und lahme Hand
stand vor dem Zaun, nach mir zu schaun.
Schule Phantasia lag linker Hand
und Zwiebelkopf rechts am Zaun.

Michael H. und Jens B.

Im Schülerreich von Lernschnellgut
da heißt der Rektor Findichgut.
Der beste Lehrer aus der Schule
ist natürlich Herr vom Stuhle.
Gut findet man auch den Herrn Kunde,
denn der schläft meist in der Stunde.
Leider gibt es auch Frau Runge,
die zeigt den Schülern oft die Zunge.

Die Schule „Fantasia"

Die Schule von Immerweg
steht tief im dichten Wald.
Und der Rektor Immergrün
hat Sorgen, dass es knallt.

Denn der Schüler Immerfort
kommt selten oder nie.
Er ist stets an einem anderen Ort.
Warum, weshalb und wie?

Und der Lehrer Immerwährend,
immer meckernd und erklärend,
sucht ständig seine Kinderlein,
die unaufhörig faul wollen sein.

Und Immerda, die Lehrerin,
ist sanft und immer froh.
Nach Immerweg will keiner hin.
Das bleibt für immer und ewig so.

Daniela S.

Die Schule von Fantasia

In der Schule von Fantasia
gibt es viele Lehrer
und der nette Hausmeister
heißt mit Namen Kehrer.

Der Bio-Lehrer „Saurier"
wird leider immer trauriger.
Schwimmen lehrt dort die Frau Winter.
Die liebt wirklich alle Kinder.

Dem Herr Lehrer Dr. Specht
wird es jeden Tag ganz schlecht.
Und Herr Rektor Rabe
ist ein alter Knabe.

Katharina K.

Alexander Rajcsányi

Wohlstandsgesellschaft

Kinder ohne Eltern
Jugend ohne Gott
Menschen ohne Muße
Glücksjagd im Galopp

Reichtum ohne Hoffnung
Fortschritt ohne Herz
Technik ohne Tugend
Armut unterm Nerz

Geilheit ohne Grenzen
Raffgier ohne Halt
Terror ohne Gnade
Gefühlswelt winterkalt

Dasein ohne Liebe
Leben ohne Ziel
Sterben ohne Nähe
Grausigschönes Spiel

Kinder ohne Eltern
Jugend ohne Gott
Menschen ohne Muße:
Weg unters Schafott

Das Gedicht „Wohlstandsgesellschaft" ist im Jahr 1993 entstanden und entstammt dem Band „Was zählt"[20]. Es kritisiert mit den Mitteln gesellschaftspolitisch engagierter Lyrik zunächst einmal die deutsche Wohlstandsgesellschaft, meint aber im Grunde die Wohlstandsgesellschaften in den Industrieländern dieser Erde schlechthin, weil überall vergleichbare Tendenzen zu beobachten sind.

In fünf jeweils vierzeiligen Strophen werden Vers für Vers Einzelbefunde hintereinandergereiht und zu einem Kaleidoskop zusammengefügt, das unsere Wohlstandsgesellschaft(en) beschreibt und auf die Gefährdung ihres Fortbestands mahnend hinweist. Strophe I benennt dabei ein Ursachenbündel grundlegender Art: In dieser Gesellschaft wachsen Kinder immer mehr ohne jederzeit ansprechbare Eltern auf. Weil vielfach beide Eltern den ganzen Tag arbeiten, können sich die Kinder und Jugendlichen nach der Schule nicht bei ihnen „ausquatschen", sie um Rat und Trost und Hilfe angehen. Sie bleiben sich selbst überlassen, orientieren sich hauptsächlich an der Peer-Group und an irgendwelchen Trends, die von der Werbeindustrie und den Medien gewinnbringend gesteuert werden.

Bei solchen Zuständen bleibt natürlich auch das Glaubensleben auf der Strecke, was inzwischen nicht wenige achselzuckend belächeln, ohne zu bedenken, dass der christliche Glaube Millionen von Menschen über Jahrhunderte hinweg Sinn und Halt und Richtung gegeben und so vielfach maßgeblich dazu beigetragen hat, sie zu einem bewussteren und erfüllteren Dasein zu führen. Als weiteres Grundübel führt diese erste Strophe an, dass die Menschen der Wohlstandsgesellschaft nur noch in Hetze sind, um auf ihrer ständigen Suche nach Glück, die meist konsumorientierten Ziele zu erreichen.

Die Strophen II bis IV zeigen die Folgen aus dieser Grundbefindlichkeit. Wo Jugendliche und Erwachsene orientierungslos geworden sind oder sich an falschen Vorgaben orientieren, da muss man sich nicht wundern, wenn alles aus dem Lot gerät. Da bieten auch Reichtum, Fortschritt und moderne Technik keine tragfähigen und hoffnungsfroh stimmenden Perspektiven mehr – man denke nur an die Gefährdungen, die wir als Kehrseite von Fortschritt und immer komplexerer Technik erfahren: Arbeitslosigkeit, Verkehrsopfer, Bedrohung durch High-Tech-Waffen, Kernkraftwerke, die Möglichkeiten der Genmanipulation. Da ist sich jeder selbst der Nächste, und als richtig und wichtig erscheint nur noch, was die eigene Gier befriedigt. Jeder sucht ohne Rücksicht auf die Mitmenschen seinen eigenen Vorteil, notfalls auch unter Einsatz von Gewalt. So entsteht eine gefühlskalte, mitleid- und lieblose Gesellschaft, in der man stirbt, wie man gelebt hat: allein, umgeben von Apparaten und Dingen, nicht aber von mitfühlenden und liebenden und sorgenden Menschen. Das ist ein „grausigschönes Spiel".

Was diese Ausführungen wortreich anreißen (eine gründliche Darstellung und Auseinandersetzung mit den genannten Phänomenen würde allerdings ganze Artikel und Bücher füllen), benennt das Gedicht in wenigen kurzen Versen mit meist nur drei Wörtern. Es differenziert nicht, führt keine Gegenbeispiele ins Feld, wie wir sie beispielsweise im Juli/August 1997 bei der Hochwasserkatastrophe im Oderbruch erlebt haben. Es zeigt die Wohlstandsgesellschaft als ein erschreckendes Konglomerat orientierungsloser Egoismen, das, wie die letzte Strophe weiß, zum Tode verurteilt ist. Es konstatiert nicht, es schränkt nicht ein, es vermischt Ist-Zustand und Vision gnadenlos zu einem Schreckensbild. Auch formal ist der Text ganz auf Wirkung bedacht. In jeder Strophe beschreiben die ersten drei Verse in knappen Bildern, während der abschließende vierte Vers jeweils eine Art kommentierende Zusammenfassung darstellt. So stürmen Bilder und Urteile auf den Leser ein, noch bevor der selbst urteilen kann. Suggestive Kraft erhalten die Aussagen auch durch die Syntax. Alle „Sätze" sind elliptisch, bestehen in den ersten drei Versen jeder Strophe nur aus Subjekt, Objekt und der dazwischen plazierten Präposition „ohne", die den Mangel anzeigt. Auf diese Weise wird der Befund jeder Zeile ganz unvermittelt ins Bewusstsein der Leser geschleudert, und die ständige Wiederholung der gleichen Syntax, der litaneiartige Tonfall dieser Reihung, ein drängender Rhythmus der durchgehend trochäischen (also fallenden) Verse und ein ins Ohr gehender Reim tragen ihr Teil dazu bei, dass diese Bilder unter die Haut gehen.

Die letzte Strophe wiederholt noch einmal wie in einer Beschwörung die ersten drei Verse des Gedichts, die ja die Grundursachen unserer gesellschaftlichen Misstände benennen, um so das schonungslose Urteil vorzubereiten: Das ist der „Weg unters Schafott", auf dem bekanntlich schon einmal die Vertreter einer (Feudal-)Gesellschaft endeten, die sich überlebt hatte. Das Gedicht will provozieren. Es will aufschrecken, zum Widerspruch und zur Auseinandersetzung reizen, in der Hoffnung, dass noch rechtzeitig Umdenken und Neuorientierung erfolgen. Noch erscheint dies als möglich. Aber die zunehmend drängender werdenden Probleme unserer Gesellschaft (Anonymisierung, schwindender Gemeinschaftsgeist, Brutalisierung, rasant ansteigende Jugendkriminalität ...) sollten uns deutlich machen, dass wir damit nicht mehr lange warten können.

Weil dies so ist, muss diese Thematik natürlich auch im Unterricht der Fächer Deutsch, Gemeinschaftskunde, Religion und Ethik behandelt werden. Junge Menschen sind noch formbar, suchen nach Orientierung und haben das Recht auf entsprechende Vorgaben und die angemessene Auseinandersetzung mit entsprechenden Orientierungszielen. Das Gedicht „Wohlstandsgesellschaft" könnte in seiner provozierenden Art zu einer solchen Auseinandersetzung Anlass sein. Es legt in seinen Bildern fest, lässt aber auch eine Fülle von Assoziationen zu, und es bereitet Schülern ab etwa fünfzehn Jahren sicherlich keinerlei Verständnisprobleme. Der Vortrag dieses Textes wird möglicherweise Spontanäußerungen provozieren, die natürlich zugelassen und, soweit der Atem trägt, ausdiskutiert werden. Danach können die Schüler im Sinne des handlungs- und produktionsorientierten Deutschunterrichts selbst aktiv werden, wobei mehrere Möglichkeiten der Auseinandersetzung alternativ oder arbeitsteilig parallel realisierbar sind.

So kann man dieses Gedicht (vielleicht vergrößert, farbig unterlegt oder durch Einrahmung hervorgehoben) auf ein Plakat kleben, und die Schüler suchen aus Zeitungen und Zeitschriften (ständiger Fundus in der Klasse oder Sammeln als Hausaufgabe) Bilder, Schlagzeilen, Sprüche, Aussagen, Kurzberichte usw., die die Aussagen des Gedichts stützen oder zu ihnen im Kontrast stehen.

Sie fertigen mit diesem Material, das durch eigene Bemerkungen oder Zeichnungen ergänzt werden kann,
- eine _Collage_ und interpretieren den Ausgangstext durch Bilder und weitere Textelemente.
- Denkbar wäre auch **Marginalienmalerei**, da sich fast jeder Vers bildlich darstellen lässt (eventuell Gruppenergebnisse, die dann für alle kopiert werden).
- Die Schüler könnten aber auch **mit eigenen Texten auf diesen Text reagieren**, indem sie beispielsweise entsprechende Tagebuchnotizen fertigen, kleine Skizzen, Geschichten oder Kommentare schreiben, die die Gedichtaussagen bestätigen oder ihnen widersprechen, oder einen Katalog von Maßnahmen erstellen, die positive Veränderungen in unserer Gesellschaft anzielen.
- Schließlich wäre auch denkbar, dass einige sich an einem **Gegentext** (Hoffnungstext) zu diesem Gedicht versuchen.

In ungeübten Klassen würde ich zunächst für alle Schüler die Aufgaben verbindlich vorgeben und dabei mit jenen einsteigen (oder mich gar darauf beschränken), die eine Übersetzung vom Wort-Bild ins Bild-Bild anzielen. Die guten Zeichner versuchen sich an der Marginalienmalerei, die übrigen widmen sich der Collage. Anschließend könnte sich die ganze Klasse noch einmal an einer Textproduktion versuchen. Wo auf entsprechende Erfahrungen und Fertigkeiten zurückgegriffen werden kann, hat das arbeitsteilige Arbeiten in **alle** möglichen Richtungen einen besonderen Reiz. Einerseits wird die Auseinandersetzung mit dem Ausgangstext vielschichtiger, andererseits entsteht eine echte Neugier auf die Arbeiten derer, die einen anderen Weg gegangen sind.

Eignung: **Klasse 9 und höher.**

Quellen und Hinweise

[1] Gerhard Haas, Handlungs- und produktionsorientierter Literaturunterricht in der Sekundarstuge I, Reihe: Deutschunterricht konkret, Schroedel Schulbuchverlag, Hannover 1984.

[2] vgl. dazu Praxis Deutsch - Zeitschrift für den Deutschunterricht, herausgegeben vom Friedrich Verlag in Velber, Nr. 123 (1994), dort auch die Anmerkungen S. 25.

[3] vgl. dazu Gerd Brenner, Kreatives Schreiben - Ein Leitfaden für die Praxis, Cornelsen/Scriptor, Frankfurt am Main 1990 und Praxis Deutsch 119 (1993); weitere Literaturhinweise in den Anmerkungen beider Publikationen.

[4] z.B. Leseland, Ausgabe Süd (Metzler-/Schroedel), bei dem ich ab Bd. 6 mitgearbeitet habe; Leserunde, (Dürr); Das lesende Klassenzimmer (Oldenbourg); Treffpunkte (Schroedel); lesenswert (Cornelsen).

[5] Bildungsplan für die Realschule, herausgegeben vom Ministerium für Kultus und Sport Baden-Württemberg, Neckar-Verlag GmbH Villingen-Schwenningen 1994, S. 18.

[6] a.a.O., S. 60, 108, 158, 222f, 294, 371.

[7] Praxis Deutsch 123, a.a.O., S. 18.

[8] Günter Kunert, Ziellose Umtriebe, Nachrichten vom Reisen und vom Daheimsein, Wagenbach Verlag, Berlin/Weimar 1979.

[9] Nikolaus Hofen, Bernhard Keßler, Leseland 7, Ausgabe Süd, Metzler-Verlag, Stuttgart 1991, S. 97.

[10] Erich Kästner, Gesammelte Schriften für Erwachsene, Bd 1: Gedichte, Droemersche Verlagsanstalt Th. Knaur Nachf., München/Zürich o. J., S. 356.

[11] a.a.O., S. 346.

[12] Aus: Gottfried Benn, Statische Gedichte, Verlags AG Die Arche, o. J.

[13] Hilde Domin, Gesammelte Gedichte, S. Fischer Verlag, Frankfurt/M. ³1991, S. 170.

[14] Hilde Domin, Das Gedicht als Augenblick von Freiheit, Frankfurter Poetik-Vorlesungen, Serie Piper 1991, München 1988, S. 69.

[15] a.a.O., S. 65-69, Text der Abiturientin: S. 68.

[16] a.a.O., S. 69.

[17] vgl. Hermann Helmers, Lyrischer Humor, Strukturanalyse und Didaktik der komischen Versliteratur, Ernst Klett Verlag, Stuttgart 1978 S.225ff.

[18] James Krüss, Mein Urgroßvater und ich, Verlag Friedrich Oetinger, Hamburg 1986, S.178ff.

[19] a.a.O., S. 174; Hervorhebungen im Original.

[20] Alexander Rajcsányi, Was zählt - Lyrik und Prosa, herausgegeben vom Institut für Religionspädagogik, Freiburg 1995, S. 57. Alle Rechte beim Autor. (Der Band ist inzwischen vergriffen. Ob es noch eine Verlagsausgabe geben wird, steht zur Zeit noch nicht fest.)